Friede

Im Bann der Metropolen

Ein literarischer Streifzug

Herausgegeben von
Jürgen Hosemann

Fischer Taschenbuch Verlag

MIX
Papier aus verantwortungsvollen Quellen
FSC® C083411

Originalausgabe

Veröffentlicht im Fischer Taschenbuch Verlag,
einem Unternehmen der S. Fischer Verlag GmbH,
Frankfurt am Main, Juni 2011

Für diese Ausgabe:

Satz: Dörlemann Satz, Lemförde
Druck und Bindung: CPI – Clausen & Bosse, Leck
Printed in Germany
ISBN 978-3-596-90340-5

Unsere Adressen im Internet:
www.fischerverlage.de
www.fischer-klassik.de

Inhalt

Georg Heym

Der Gott der Stadt

Auf einem Häuserblocke sitzt er breit.
Die Wände lagern schwarz um seine Stirn.
Er schaut voll Wut, wo fern in Einsamkeit
Die letzten Häuser in das Land verirrn.

Vom Abend glänzt der rote Bauch dem Baal,
Die großen Städte knien um ihn her.
Der Kirchenglocken ungeheure Zahl
Wogt auf zu ihm aus schwarzer Türme Meer.

Wie Korybanten-Tanz dröhnt die Musik
Der Millionen durch die Straßen laut.
Der Schlote Rauch, die Wolken der Fabrik
Ziehn auf zu ihm, wie Duft von Weihrauch blaut.

Das Wetter schwelt in seinen Augenbrauen.
Der dunkle Abend wird in Nacht betäubt.
Die Stürme flattern, die wie Geier schauen
Von seinem Haupthaar, das im Zorne sträubt.

Er streckt ins Dunkel seine Fleischerfaust.
Er schüttelt sie. Ein Meer von Feuer jagt
Durch eine Straße. Und der Glutqualm braust
Und frißt sie auf, bis spät der Morgen tagt.

Franz Hessel

Spaziergänge durch Zukunft und Vergangenheit

Berlin

Langsam durch belebte Straßen zu gehen ist ein besonderes Vergnügen. Man wird überspült von der Eile der andern, es ist ein Bad in der Brandung. Aber meine lieben Berliner Mitbürger machen einem das nicht leicht, wenn man ihnen auch noch so geschickt ausbiegt. Ich bekomme immer mißtrauische Blicke ab, wenn ich versuche, zwischen den Geschäftigen zu flanieren. Ich glaube, man hält mich für einen Taschendieb.

Die hurtigen, straffen Großstadtmädchen mit den unersättlich offnen Mündern werden ungehalten, wenn meine Blicke sich des längeren auf ihren segelnden Schultern und schwebenden Wangen niederlassen. Nicht als ob sie überhaupt etwas dagegen hätten, angesehn zu werden. Aber dieser Zeitlupenblick des harmlosen Zuschauers enerviert sie. Sie merken, daß bei mir nichts »dahinter!« steckt.

Nein, es steckt nichts dahinter. Ich möchte beim *ersten Blick* verweilen. Ich möchte den *ersten Blick* auf die Stadt, in der ich lebe, gewinnen oder wiederfinden …

In stilleren Vorstadtgegenden falle ich übrigens nicht minder unangenehm auf. Da ist gegen Norden ein Platz mit Holzgerüst, ein Marktgerippe, und dicht dabei die Produktenhandlung der Witwe Kohlmann, die auch Lumpen hat; und über Altpapierbündeln, Bettstellen und Fellen hat sie an der Lattenveranda ihrer Handlung Geraniumtöpfe. Geranium, pochendes Rot in träg-grauer Welt, in das ich lange hineinsehen muß. Die Witwe wirft mir böse Blicke zu. Zu schimpfen getraut sie sich nicht, sie hält mich vielleicht für einen Geheimen, am Ende sind ihre Papiere nicht in Ordnung. Und ich meine es doch gut mit ihr, gern würde ich sie über ihr Geschäft und ihre Lebensansichten befragen. Nun sieht sie mich endlich weggehn und gegenüber, wo die Querstraße ansteigt, in die Kniekehlen der Kinder schauen, die gegen die Mauer Prallball spielen. Langbeinige Mädchen, entzückend anzusehn. Sie schleudern den Ball abwechselnd mit Hand, Kopf und Brust zurück und drehn sich dabei, und die Kniekehle scheint Mitte und Ausgangspunkt ihrer Bewegungen. Ich fühle, wie hinter mir die Produktenwitwe ihren Hals reckt. Wird sie den Schupo darauf aufmerksam machen, was ich für einer bin? Verdächtige Rolle des Zuschauers!

Wenn es dämmert, lehnen alte und junge Frauen, auf Kissen gestützt, in den Fenstern. Mir geschieht mit ihnen, was die Psychologen mit Worten wie »Einfühlung« erledigen. Aber sie werden mir nicht erlauben, neben und mit ihnen zu warten auf das, was nicht kommt, nur zu warten ohne Objekt.

Straßenhändler, die etwas ausschreiend feilhalten, haben nichts dagegen, daß man sich zu ihnen stellt; ich stünde aber lieber neben der Frau, die soviel Haar aus dem vorigen Jahrhundert auf dem Kopf hat, langsam ihre Stickereien auf blaues Papier breitet und stumm Käufern entgegensieht. Und der bin ich nicht recht, sie kann kaum annehmen, daß ich von ihrer Ware kaufen werde.

Manchmal möcht ich in die Höfe gehn. Im älteren Berlin wird das Leben nach den Hinter- und Gartenhäusern zu dichter, inniger und macht die Höfe reich, die armen Höfe mit dem bißchen Grün in einer Ecke, den Stangen zum Ausklopfen, den Mülleimern und den Brunnen, die stehngeblieben sind aus Zeiten vor der Wasserleitung. Vormittags gelingt mir das allenfalls, wenn Sänger und Geiger sich produzieren oder der Leierkastenmann, der obendrein auf einem freien Fingerpaar Naturpfeife zum besten gibt, oder der Erstaunliche, der vorn Trommel und hinten Pauke spielt. (Er hat einen Haken am rechten Knöchel, von dem eine Schnur zu der Pauke auf seinem Rücken und dem aufsitzenden Schellenpaar verläuft; und wenn er stampft, prallt ein Schlegel an die Pauke, und die Schellen schlagen zusammen.) Da kann ich mich neben die alte Portierfrau stellen – es ist wohl eher die Mutter der Pförtnersleute, so alt sieht sie aus, so gewohnheitsmäßig sitzt sie hier auf ihrem Feldstühlchen. Sie nimmt keinen Anstoß an meiner Gegenwart, und ich darf hinaufsehn in die Hoffenster, an die sich Schreibmaschinenfräulein und Nähmädchen der Büros und Betriebe zu diesem Konzert drängen. Selig benommen pausieren sie, bis irgendein lästiger Chef kommt und sie wieder zurückschlüpfen müssen an ihre Arbeit. Die Fenster sind alle kahl. Nur an einem im vorletzten Stockwerk sind Gardinen, da hängt ein Vogelbauer, und wenn die Geige von Herzen schluchzt und der Leierkasten dröhnend jammert, fängt der Kanarienvogel zu schlagen an als einzige Stimme der stumm schauenden Fensterreihen. Das ist schön. Aber ich möchte doch auch mein Teil an dem Abend dieser Höfe haben, die letzten Spiele der Kinder, die immer wieder heraufgerufen werden, und Heimkommen und Wiederwegwollen der jungen Mädchen erleben; allein ich finde nicht Mut noch Vorwand, mich einzudrängen, man sieht mir meine Unbefugtheit zu deutlich an.

Hierzulande muß man müssen, sonst darf man nicht. Hier geht man nicht wo, sondern wohin. Es ist nicht leicht für unsereinen.

Ich kann noch von Glück sagen, daß eine mitleidige Freundin mir manchmal erlaubt, sie zu begleiten, wenn sie Besorgungen zu machen hat. In die Strumpfklinik zum Beispiel, an deren Tür steht: »Gefallene Maschen werden aufgenommen«. In diesem düstern Zwischenstock huscht eine Bucklige durch ihr muffiges, wolliges Zimmer, das eine neue Glanztapete aufhellt. Ware und Nähzeug liegen auf Tischen und Etageren um Porzellanpantöffelchen, Biskuitamoretten und Bronzemädchen herum, wie Herdentiere um alte Brunnen und Ruinen lagern. Und das darf ich genau besehn und daran ein Stück Stadt- und Weltgeschichte lernen, während die Frauen sich besprechen.

Oder ich werde zu dem Flickschneider mitgenommen, der in einem Hinterhaus der Kurfürstenstraße zu ebner Erde wohnt. Da trennt ein Vorhang, der nicht ganz bis zum Boden reicht, den Arbeitsraum vom Schlafraum ab. Auf einem gefransten Tuch, das über den Vorhang hängt, ist bunt der Kaiser Friedrich als

Kronprinz dargestellt. »So kam er aus San Remo«, sagt der Schneider, der meinem Blick gefolgt ist, und zeigt dann selber seine weiteren monarchentreuen Schätze, den letzten Wilhelm, photographiert und sehr gerahmt, mit seiner Tochter auf den Knien, und das bekannte Bild des alten Kaisers mit Kindern, Enkeln und Urenkeln. Gern will er meiner Republikanerin das grüne Jackett umnähen, aber im Herzen hält er's, wie er sagt, »mit den alten Herrschaften«, zumal die Republik nur für die jungen Leute sorge. Ich versuche nicht, ihn umzustimmen. Mit seinen Gegenständen kann es meine politische Erkenntnis nicht aufnehmen. Er ist sehr freundlich mit dem Hunde meiner Freundin, der an allem herumschnuppert, neugierig und immer auf der Spur, gerade wie ich.

Mit diesem kleinen Terrier gehe ich gern spazieren. Wir sind dann beide ganz in Gedanken; auch gibt er mir Anlaß, öfter stehnzubleiben, als es sonst einem so verdächtigen Menschen wie mir erlaubt wäre.

Neulich ist es uns aber schlimm ergangen. Ich holte ihn aus einem Hause ab, in dem wir beide fremd waren. Wir gingen eine Treppe hinunter, in die ein Fahrstuhlgehäuse mit Gitterwerk eingebaut war. Ein düstrer Eindringling war dieser Lift in dem einst gelassen breiten Treppenhaus. Und die bauschigen Wappendamen der bunten Fenster sahen irr auf das Wanderverlies, und die Kleinodien und die Attribute lockerten sich in ihren Händen. Sicher roch es auch sehr diskrepant in diesem Ensemble verschiedener Epochen, was meinen Begleiter von Gegenwart und Sitte derart ablenkte, daß er auf der ersten Stufe der steilen Stiege, die zu Füßen des Fahrgehäuses vom Hochparterre hinunterführte – sich vergaß! So etwas, hat mir später meine Freundin versichert, konnte einem so stubenreinen Geschöpf nur in meiner Gesellschaft passieren. Das nahm ich gern hin. Härter aber traf mich der Vorwurf, den mir im Augenblick des peinlichen Ereignisses der Portier des Hauses machte, der zum Unglück gerade, als wir uns vergaßen, die Nase aus seiner Loge steckte. In richtiger Erkenntnis meiner Mitschuld wandte er sich nicht an das Hündchen, sondern an mich. Er zeigte mit grau drohendem Finger auf die Stätte der Untat und herrschte mich an: »Wat? Sie woll'n ein jebildeter Mensch sint?«

*

Ja, er hat recht, ich muß etwas für meine Bildung tun. Mit dem Herumlaufen allein ist es nicht getan. Ich muß eine Art Heimatkunde treiben, mich um die Vergangenheit und Zukunft dieser Stadt kümmern, dieser Stadt, die immer unterwegs, immer im Begriff, anders zu werden, ist. Deshalb ist sie wohl auch so schwer zu entdecken, besonders für einen, der hier zu Hause ist ... Ich will mit der Zukunft anfangen.

Der Architekt nimmt mich in sein weites, lichtes Atelier, führt von Tisch zu Tisch, zeigt Pläne und plastische Modelle für Geländebebauung, Werkstätten und Bürogebäude, Laboratorien einer Akkumulatorenfabrik, Entwürfe für eine Flugzeugausstellungshalle, Zeichnungen für eine der neuen Siedlungen, die Hunderte und Tausende aus Wohnungsnot und Mietskasernenelend in Luft und Licht retten sollen. Dazu erzählt er, was heute die Baumeister von Berlin alles planen und zum Teil im Begriff sind aufzuführen. Nicht nur Weichbild und Vorstadt will man durch planmäßige Großsiedlung umgestalten, auch in den alten Stadtkörper soll neuformend eingegriffen werden. Der künftige Potsdamer Platz wird von zwölfgeschossigen Hochhäusern umgeben sein. Das Scheunenviertel verschwindet; um den Bülowplatz, um den Alexanderplatz entsteht in gewaltigen Baublöcken eine neue Welt. Immer neue Projekte werden entworfen, um die Probleme der Grundstückwirtschaft und des Verkehrs in Einklang zu bringen. Künftig darf nicht mehr der Bauspekulant und der Maurermeister durch seine Einzelbauten den Stil der Stadt verderben. Das läßt unsere Bauordnung nicht zu. Der Architekt berichtet von den Ideen seiner Kollegen: Da die Stadt allmählich auf dem einen Havelufer Potsdam erreichen wird, stellt einer einen Plan mit Bahnen und Verkehrslinien auf, dem er die schönen Waldbestände und einzelnen Seen einfügt, um schließlich die Havel zwischen Pichelsdorf und Potsdam zu einer Art Außenalster zu machen. Ein anderer will zwischen Brandenburger Tor und Tiergarten einen großen repräsentativen Platz schaffen, so daß erst die Siegesallee die Parkgrenze bilden soll. Auf dem Messegelände soll die Ausstellungsstadt die Form eines riesigen Eis bekommen, mit einem Innen- und Außenring von Hallen, einem neuen Sportforum und einem Kanal, an dessen Endpunkt zwischen Gartenterrassen ein Wasserrestaurant liegt. Potsdamer und Anhalter Bahnhof sollen auf das Rangiergeleise des nächsten Vorortbahnhofs verlegt werden, um Platz zu schaffen für eine breite Avenue mit Kaufhäusern, Hotels und Großgaragen. Im Zusammenhang mit der Vollendung des Mittellandkanals ändert sich Berlins Wasserstraßennetz, und die entsprechende Umgestaltung alter und Erbauung neuer Ufer, Brücken, Anlagen stellt wichtige Aufgaben. Und dann das neue Baumaterial: Glas und Beton, Glas an Stelle von Ziegel und Marmor. Schon gibt es eine Reihe Häuser, deren Fußböden und Treppen aus Schwarzglas, deren Wände aus Opakglas oder Alabaster bestehn. Dann die Eisenhäuser, ihre Verkleidung mit Keramik, ihre Rahmung mit glänzender Bronze usw.

Der Architekt bemerkt meine Verwirrung, er lächelt. Also schnell ein bißchen Anschauungsunterricht. Hinunter auf die Straße und in sein wartendes Auto. Wir sausen den Kurfürstendamm entlang an alten architektonischen Schrecken und neuen »Lösungen« und Erlösungen. Wir halten vor den Gebäuden des Kabaretts und des Filmpalastes, die eine gerade durch ihre leisen Verschiedenheiten so eindringliche Einheit bilden, beide beschwingt im Raume kreisend, immer wieder die mitreißende Einfachheit ihrer großen Linien ziehend, wobei das eine sich mehr in die Breite lagert, das andre mehr aufragt. Der Meister neben mir erklärt eines Meisters Werk. Und um, was seine Worte umfassen, aus der Mitte des Bauwerks zu verdeutlichen, verläßt er mit mir den Wagen, führt mich durch den breiten Wandelgang, der in dunklem Rot dämmert, ins Innere des einen

Theaterraums und zeigt mir, wie die ganze Schauburg aus der Form des Kreises entwickelt ist und wie die hellen Wände ohne vereinzelten und abwegigen Schmuck durch flächige Muster gegliedert sind.

Dann fahren wir eine Querstraße hinauf durch ein kleinbürgerliches Stück Charlottenburg und am Lietzensee vorbei zum Funkturm und den Ausstellungshallen, die er mit ein paar Worten zur größeren Messestadt ausbaut. Ehe er damit fertig ist, haben wir den Reichskanzlerplatz erreicht, und er stellt mir das Unterhaltungsviertel dar, das hier entstehen soll, die beiden Baublöcke mit Kinos, Restaurants, Tanzsälen, einem großen Hotel und dem Lichtturm, der das Ganze überragen wird. Wir wenden in eine Parallelstraße des Kaiserdamms und halten vor einem weiten Neubaugelände. Hier ist mein Führer selbst Bauherr. Werkmeister kommen uns entgegen und erstatten ihm Bericht. Indes seh ich in das weitläufige Chaos, aus dem sich mir zunächst die beiden Pylonen am Eingang, schon im Rohbauskelett deutlich gestaltet, entgegenrecken. Dann geh ich mit dem Meister über Schutt und Geröll bis an den Rand, hinter dem der Abgrund der Mitte beginnt. Der Grundriß, wie man ihn sonst auf dem Zeichentisch vom Blatt ablesen muß, dem Notenblatt dieser »gefrorenen Musik«, liegt nun vor mir ausgebreitet. Dort werden die beiden großen Depothallen sich erheben, die Schlafstellen der Wagen. Hier werden Geleise entlangführen. Am Rande rings werden Gärten entstehen, in denen unter den Fenstern vieler lichter Wohnungen die Kinder der Beamten, Fahrer, Schaffner spielen sollen. Wir fahren außen die eine Seite des großen Vierecks entlang. An einer Stelle ist die Straße erst im Entstehen begriffen, und wir müssen ein Stück über wuchernde Wege gehn. Und um uns her wächst aus des Baumeisters Worten eine ganze Stadt.

Was er mir so am Werdenden sichtbar gemacht hat, kann er mir nun auch noch am Vollendeten zeigen. Über die Spreebrücke beim Schloß Charlottenburg eilt unser Wagen, den Kanal entlang und zum weiten Westhafen. Ein Blick auf die düsteren Gefängnismauern von Plötzensee. Wir kommen durch die endlose Seestraße an Kirchhofsmauer und Mietskasernen hin bis zur Müllerstraße. Die mächtige Siedlung der Wagen und Menschen taucht auf. Breiter Zugang eröffnet uns den Blick auf drei eisengestützte Hallen. Wir durchschreiten das Tor und sehn von innen die dreistöckigen Seitenflügel der Wohnstätten, die vier Stockwerke der Frontseite und die mächtigen Pylonen der Ekken. Dann treten wir überall ein, erst in die Glas- und Eisenhalle, in der die Wagen wohnen, sehn dort hinauf zum Bahnhofshimmel und hinab in die seltsame Welt der Gänge unter den Schienensträngen. Dann in die Verwaltungsräume, Reparaturwerkstätten und endlich über einladend ansteigende Treppen in einige der hübschen Wohnungen.

Beim Umschreiten des Komplexes begreife ich, ohne es bautechnisch ausdrücken zu können, wie der Künstler durch Wiederholung bestimmter Motive, Betonung bestimmter Linien, durch das Vorziehen scharfer Kanten an den steigenden Flächen und ähnliches diesem Riesending aus Backstein, welches Bahnhof, Büro und Menschenhaus zugleich sein muß, einen unvergeßlich einheitlichen Gesamtcharakter gegeben hat.

An der Nordostseite schauen wir weit über Feld, und ganz nah bekomme ich des Riesen winzigen Nachbar gezeigt, ein Häuschen, »so windebang«, das da tief im Felde steht. Das »schmale Handtuch« nennen es die Leute. Das Nebeneinander der ragenden Hallen und dieser Hütte ist wie ein Wahrzeichen des Weichbildes von Berlin.

Am Abend dieses übervollen Tages bin ich bei einer alten Dame zu Gaste gewesen, die aus Sekretär und Truhe Erinnerungsstücke hervorholte, Dinge, die ihrer Ahnin im alten Haus an der Stralauer Straße gehört haben, die große englische Puppe im ergrauten Musseline-Empirekleid mit den kreuzweis gebundenen, immer noch rosenfarbenen Seidenschuhen; Tellerchen und Leuchterchen, sorglich aus Holz geschnitten, mit denen diese Ahnin als Kind im Garten spielte, ganz nah an der Spree und der hölzernen Waisenbrücke, von der Menzel auf seinem berühmten

Stich Chodowiecki ins Wasser schauen läßt. Aus einer Blechkapsel nimmt sie die Hauspapiere mit den Wachssiegeln. Zierliche Stammbücher der Urgroßtanten darf ich aufschlagen, in denen die haarscharfen Schnörkelbuchstaben poetischer Widmungen den kolorierten Buketts und hauchzarten Landschaften befreundeter Maler gegenüberstehn. In den Landschaften findet sich als Staffage bisweilen ein Reitersmann in gelbem Frack und Stulpstiefeln oder eine Reiterin in violettem Kleid. Die Buketts sind in Form und Farbe verwandt dem, was mit spitzem Pinsel die Porzellanmaler auf Teller und Vasen und Schalen »Königlich Berlin« setzten.

Ich bekomme sogar eine Brautkrone von anno 1765 in die Hand, mit grüner Seide umsponnenen, blütenbildenden Draht. Eine Tabakdose aus Achat darf ich betasten. Die gütige Besitzerin all dieser Schätze langt kleine Familienporträts von den Wänden, Frauenköpfe in gelocktem, leichtgepudertem Haar und zartfarbigem Schleiertuch, Herren in Perücke und dunkelblauem Frack. Und dann erzählt sie von der Berliner Putzstube, der schöneren Vorgängerin all der »guten Stuben« mit Mahagonimöbeln und der blauen und roten Salons, die wir bei unseren Großeltern gekannt haben, von der Putzstube, die ein verschlossenes Heiligtum war, das die Kinder nur zu besonderen Gelegenheiten betreten durften. Wir schlagen eines ihrer Lieblingsbücher, die »Jugenderinnerungen eines alten Berliners« von Felix Eberty, auf und lesen: »Die Wände waren hellgrau gestrichen, Tapeten kamen nur bei den reichsten Leuten vor. Auf die Wand hatte Wilhelm Schadow, der nachherige Direktor der Düsseldorfer Akademie und meines Vaters Jugendfreund, demselben als Hochzeitsgeschenk die vier Jahreszeiten grau in grau und mit weißen Lichtern gehöht schön und plastisch gemalt, so daß es ein Relief zu sein schien. Ein herrlicher Teppich, Erdbeerblätter, Blüten und Früchte zeigend, bedeckte den Fußboden, die Möbel waren sehr zierlich aus weißem Birkenmaserholz gefertigt. Ein kleiner Kronleuchter zu vier Lichtern, an Glasketten hängend, schien uns überaus prächtig und ein unnahbares

Kunstwerk zu sein, das wir gar zu gern mit den Händen berührt hätten, wenn es nicht aufs strengste verboten gewesen wäre; denn die Möglichkeit, diese Begierde zu befriedigen, war vorhanden, weil die Zimmerhöhe gestattet hätte, mittels eines Stuhls die glänzenden Glasstückchen zu erreichen.«

Wir sprechen von noch älteren Berliner Interieurs. Sie hat Bilder von Zimmern, in denen die mit Tapisseriearbeit überzogenen *L'hombre-Tische* standen, die ausgenähten Fauteuils, die Servanten mit den schön bemalten Porzellantassen, auf der Kommode englische Repetieruhren, in der Ecke »wohlkonditionierte« lackierte Flügel der friderizianischen Zeit. Sie weiß von den hohen Betten, zu denen mehrstufige Tritte führten, von Himmelbetten *à la duchesse* und denen *à tombeau,* vom Bettzopf, Nachthabit und Nachthandschuhen, von Tapeten *en haute lisse* mit Personnagen nach französischen Dessins. Immer mehr Besitz kramt sie heraus, Daguerreotypien, ausgetuschte Kupferstiche, ausgeschnittene, aufgeklebte und mit Lackfirnis überzogene Figuren …

Über uns hängt eine Ampel, ein bronzenes Blumenkörbchen, aus dem Blätter von grünem Glas und hellfarbige gläserne Winden hangen und sich heben. Das Stück ist aus den dreißiger, vierziger Jahren des vergangenen Jahrhunderts, als eine neue Vorliebe für das Rokoko aufkam. Das Licht flackert im Nachtwind, als wäre es nicht elektrisch, sondern Öllicht einer Astragan-lampe. Es ist spät geworden für alte Damen. Und ich merke, wie müde ich bin von soviel Berlin.

Franz Kafka

Die gestrichelte Stadt

Paris

Das gestrichelte Paris: die aus den flachen Kaminen herauswachsenden hohen dünnen Kamine (mit den vielen kleinen blumentopfartigen), die äußerst stummen alten Gaskandelaber, die Querstriche der Jalousien, denen sich in den Vorstädten die gestrichelten Schmutzabdrücke auf der Hauswand anfügen, die dünnen Leisten auf den Dächern, die wir in der rue de Rivoli sahen, das gestrichelte Glasdach des Grand Palais des Art, die strichweise geteilten Fenster der Geschäftsräume, die Gitter der Balkone, der aus Strichen sich bildende Eiffelturm, die größere Strichwirkung der Seiten- und Mittelleisten der Balkontüren gegenüber unsern Fenstern, die Sesselchen im Freien und die Kaffeehaustischchen, deren Beine Striche sind, die goldspitzigen Gitter der öffentlichen Gärten.

*

Mit den unsichern Entschlüssen bezüglich des Hotels im Innern unseres Wagens sitzend scheinen wir auch den Wagen unsicher zu kutschieren, einmal in eine Nebengasse zu führen, dann ihn wieder in die Hauptrichtung zurückzuziehn und das im Vormittagsverkehr der rue de Rivoli in der Nähe der Halles.

*

Erstes Heraustreten auf meinen Balkon und Umblick, wie wenn ich jetzt in diesem Zimmer erwacht wäre, während ich doch von der Nachtfahrt so müde bin, daß ich nicht weiß, ob ich es imstande sein werde für den ganzen Tag in diese Gassen hinauszulaufen, besonders wie ich sie jetzt von oben aus, noch ohne mich sehe.

*

Anfang der Pariser Mißverständnisse. Max kommt in mein Hotelzimmer herauf und ist darüber aufgeregt, daß ich noch nicht fertig bin und mir das Gesicht wasche, während ich früher doch gesagt hätte, daß wir uns nur ein wenig waschen und gleich weggehn sollen. Da ich mit Wenigwaschen nur das Waschen des ganzen Körpers ausgeschlossen, dagegen damit gerade das Waschen des Gesichtes gemeint habe und damit eben noch nicht fertig bin, verstehe ich seine Vorwürfe nicht und wasche das Gesicht weiter, wenn auch nicht so genau wie früher, während sich Max mit dem ganzen Schmutz der Nachtfahrt in seinen Kleidern auf mein Bett setzt, um zu warten. Er hat die Gewohnheit und führt sie auch jetzt vor, beim Vorwürfemachen den Mund, aber auch das ganze Gesicht süßlich zusammenzuziehn, als suche er dadurch einerseits das Verständnis seiner Vorwürfe zu befördern und als wolle er andererseits zeigen, daß nur dieses süßliche Gesicht, das er gerade hat, ihn davon abhalte, mir eine Ohrfeige zu geben. (...) Ich dagegen verstehe es – so war es auch in Paris –, so vor Müdigkeit in mich zurückgefallen zu sein, daß mich der Einfluß solcher Gesichter überhaupt nicht erreicht, weshalb ich dann in meinem Jammer so mächtig sein kann, geradewegs aus der vollkommensten Gleichgültigkeit und ohne jedes Schuldgefühl mich ihm gegenüber entschuldigen zu können. Das beruhigte ihn damals in Paris wenigstens scheinbar so, daß er mit mir auf den Balkon trat und die Aussicht besprach, vor allem, wie pariserisch sie sei. Ich sah eigentlich nur, wie frisch er war, wie er sicher zu irgendeinem Paris paßte, das ich gar nicht bemerkte, wie er jetzt aus seinem dunklen Hinterzimmer kommend zum erstenmal seit einem Jahr in der Sonne auf einen Pariser Balkon trat und sich dessen würdig bewußt war, während ich leider deutlich müder war, als bei meinem ersten Hinaustreten auf den Balkon ein Weilchen vor Maxens Kommen. Und meine Müdigkeit in Paris kann nicht durch Ausschlafen, sondern nur durch Wegfahren beseitigt werden. Manchmal halte ich das sogar für eine Eigentümlichkeit von Paris.

*

Ich bin zuerst gegen die Cafe Biard, weil ich glaube, daß man dort nur schwarzen Kaffee bekommt. Es zeigt sich, daß auch Milch zu haben ist, wenn auch nur mit schlechtem schwammigem Gebäck. Es ist fast die einzige Verbesserung, die mir für Paris eingefallen ist, daß man besseres Gebäck in diesen Cafes anschaffen soll. Später komme ich darauf vor dem Frühstück, während Max schon sitzt, in den Seitengassen herumzulaufen und Obst zu suchen. Auf dem Weg zum Cafe esse ich immer ein bißchen weg, damit Max nicht zu sehr staunt. Als wir in einem guten Cafeehaus bei der Station der Versailler Dampfbahn den gelungenen Versuch machen, Apfelstrudel und Mandelgebäck aus einer Bäckerei unter den Augen eines über uns in der Tür lehnenden Kellners aufzuessen, führen wir das auch im Cafe Biard ein und finden, daß man dadurch, abgesehen vom Genuß des feinen Gebäcks, zum deutlichem Genuß des eigentlichen Vorteils dieser Cafee kommt, nämlich des vollständigen Unbeachtetseins bei ziemlich leerem Lokal, guter Bedienung, nahe allen Menschen hinter dem Pult und vor der immer geöffneten Ladentür. Nur muß man sich damit abfinden, wenn der Boden gekehrt wird, was wegen des unmittelbar von der Gasse hereinkommenden, an dem Pult sich hin und herschiebenden Besuches häufig geschieht und wobei auch von der Gewohnheit nicht abgesehen wird, die Gäste nicht zu beachten.

*

Das Rufen einer Frau mit einem kleinen Bücherhandwagen am Abend auf dem Boulevard Poissonière: Blättert, blättert meine Herren, sucht Euch aus, alles was daliegt wird verkauft. Ohne zum Einkaufen zu drängen, ohne auch aufdringlich hinzusehn, nennt sie innerhalb ihres Rufens gleich den Preis des Buches, das einer der Umstehenden in die Hand nimmt. Sie scheint nur zu verlangen, daß rascher geblättert wird, rascher die Bücher in den Händen wechseln, was man verstehn kann, wenn man zusieht, wie hie und da einer, z. B. ich, langsam ein Buch aufhebt, langsam und wenig drin blättert, langsam es hinlegt und endlich langsam weggeht. Das ernste Nennen der Preise von Büchern, deren Unanständigkeit so lächerlich ist, daß man sich einen Kaufabschluß unter den Augen des ganzen Publikums zuerst nicht vorstellen kann.

*

Eine dicke Placeuse in der Komischen Oper nimmt uns ziemlich von oben herab etwas Trinkgeld ab. Ich dachte, es liege daran, daß wir mit unsern Theaterkarten in der Hand etwas zu sehr Schritt für Schritt hintereinander heraufgekommen waren, und nahm mir vor, am nächsten Abend in der Comödie der Placeuse in ihre Augen hinein das Trinkgeld zu verweigern, während ich jetzt, vor ihr und mir mich schämend, ein großes Trinkgeld gab. Gar als alle andern ohne Trinkgeld hineinkamen. Ich brachte in der Comödie auch meinen Satz heraus, in dem ich das Trinkgeld etwas meiner Meinung nach »nicht Unumgängliches« nannte, mußte aber wieder zahlen, als die diesmal magere Placeuse klagte, sie sei von der Verwaltung nicht entlohnt und das Gesicht zur Schulter neigte.

*

Bei Düval am Boulevard Sébastopol in der Abenddämmerung. Drei Gäste im Lokal verstreut. Die Kellnerinnen leise miteinander redend. Die Kassa noch leer. Ich bestelle einen Jogurth dann noch einen. Die Kellnerin bringt es still, das Halbdunkel des Lokals trägt zu der Stille auch bei, sie nimmt auch still die Bestecke weg, die für das Abendessen auf meinem Platz vorbereitet waren und mich beim Trinken hindern könnten. Es war mir sehr angenehm, Duldung und Verständnis für meine Leiden bei einer Frau ahnen zu können, die so still war.

*

Rationell eingerichtete Bordelle. Die reinen Jalousien der großen Fenster des ganzen Hauses herabgelassen. In der Portierloge statt eines Mannes ehrbar angezogene Frau, die überall zu Hause sein könnte. Schon in Prag habe ich immer den amazonenmäßigen Charakter der Bordelle flüchtig bemerkt. Hier ist es noch deutlicher. Der weibliche Portier der sein elektr. Läutewerk in Bewegung setzt, der uns in seiner Loge zurückhält, weil ihm gemeldet wird, daß gerade Gäste die Treppe herabkommen, die zwei ehrbaren Frauen oben (warum zwei?), die uns empfangen, das Aufdrehen des elektr. Lichtes im Nebenzimmer, in dem die unbeschäftigten Mädchen im Dunkel oder Halbdunkel saßen, der ¾ Kreis (wir ergänzen ihn zum Kreis), in dem sie um uns in aufrechten, auf ihren Vorteil bedachten Stellungen stehn, der große Schritt, mit dem die Erwählte vortritt, der Griff der Madame, mit dem sie mich auffordert … ich mich zum Ausgang gezogen fühle. Unmöglich mir vorzustellen, wie ich auf die Gasse kam, so rasch war es. Schwer ist, die Mädchen dort genauer anzusehn, weil sie zu viele sind, mit den Augen blinzeln, vor allem zu nahe stehn. Man müßte die Augen aufreißen und dazu gehört Übung. In der Erinnerung habe ich eigentlich nur die, welche gerade vor mir stand. Sie hatte lückenhafte Zähne, streckte sich in die Höhe, hielt mit der über der Scham geballten Faust ihr Kleid zusammen und öffnete und schloß gleich und schnell die großen Augen und den großen Mund. Ihr blondes Haar schien zerrauft. Sie war mager. Angst davor, nicht zu vergessen, den Hut nicht abzunehmen. Man muß sich die Hand von der Krempe reißen. Einsamer, langer sinnloser Nachhauseweg.

*

Ansammlung der Besucher vor dem Öffnen des Louvre. Die Mädchen sitzen zwischen den hohen Säulen, lesen im Bädeker, schreiben Ansichtskarten.

Venus von Milo, deren Anblick bei dem langsamsten Umgehn schnell und überraschend wechselt. Leider eine erzwungene (über Taille und Hülle), aber einige wahre Bemerkungen gemacht, zu deren Erinnerung ich eine plastische Reproduktion nötig hätte, besonders darüber, wie das gebogene linke Knie den Anblick von allen Seiten mitbestimmt, manchmal aber nur sehr schwach. Die erzwungene Bemerkung: Man erwartet, daß über der aufhörenden Hülle der Leib sich gleich verjüngt, er wird aber zunächst sogar noch breiter. Das fallende vom Knie gehaltene Kleid.

*

Die Metro schien mir damals sehr leer, besonders wenn ich es mit jener Fahrt vergleiche, als ich krank und allein zum Rennen gefahren bin. Das Aussehn der Metro unterliegt auch abgesehn vom Besuch dem Einfluß des Sonntags. Die dunkle Stahlfarbe der Wände überwog. Die Arbeit der die Waggontüren auf- und zuschiebenden und dazwischen sich hinein und herausschwingenden Schaffner stellte sich als eine Sonntagnachmittagsarbeit heraus. Die langen Wege zur Correspondence wurden langsam gegangen. Die unnatürliche Gleichgültigkeit der Passagiere, mit der sie die Fahrt in der Metro hinnehmen, wurde deutlicher. Das sich gegen die Glastüre wenden, das Aussteigen einzelner an unbekannten Stationen weit von der Oper wird als launenhaft empfunden. Sicher ist in den Stationen trotz der elektr. Beleuchtung das wechselnde Tageslicht zu bemerken, besonders wenn man gerade heruntergestiegen ist, merkt man es, besonders dieses Nachmittagslicht, knapp vor der Verdunkelung. Die Einfahrt in die leere Endstation der porte Dauphine, Menge von sichtbar werdenden Röhren, Einblick in die Schleife, wo die Züge die einzige Kurve machen dürfen nach so langer geradliniger Fahrt.

Tunnelfahrten in der Eisenbahn sind viel ärger, keine Spur von der Bedrückung, die der Passagier unter dem wenn auch zurückgehaltenen Druck der Bergmassen fühlt. Man ist auch nicht weit von den Menschen, sondern eine städtische Einrichtung, wie z. B. das Wasser in den Leitungen. Das Zurückspringen beim Aussteigen, mit dem dann folgenden verstärkten Vorgehn. Dieses Aussteigen auf ein gleiches Niveau. Meist verlassene kleine Schreibzimmer mit Telephon und Läutewerk dirigieren den Betrieb. Max schaut gern hinein. Schrecklich war der Lärm der Metro, als ich mit ihr zum erstenmal im Leben vom Montmartre auf die großen Boulevards gefahren bin. Sonst ist er nicht arg, verstärkt sogar das angenehme ruhige Gefühl der Schnelligkeit. Die Reklame von Dubonnet ist sehr geeignet von traurigen und unbeschäftigten Passagieren gelesen, erwartet und beobachtet zu werden. Ausschaltung der Sprache aus dem Verkehr, da man weder beim Zahlen, noch beim Ein- u. Aussteigen zu reden hat. Die Metro ist wegen ihrer leichten Verständlichkeit für einen erwartungsvollen und schwächlichen Fremden die beste Gelegenheit, sich den Glauben zu verschaffen, richtig und rasch im ersten Anlauf in das Wesen von Paris eingedrungen zu sein.

*

Die Fremden erkennt man daran, daß sie oben schon auf dem letzten Absatz der Metrotreppe sich nicht mehr auskennen, sie verlieren sich nicht, wie die Pariser, aus der Metro übergangslos in das Straßenleben. Auch stimmt beim Herauskommen die Wirklichkeit erst langsam mit der Karte überein, da wir auf diesen Platz, wo wir jetzt nach dem Heraufkommen hingestellt sind, niemals zu Fuß oder zu Wagen gekommen wären, ohne Führung der Karte. Die Erinnerung an Spaziergänge in Anlagen ist immer schön. Freude daran, daß es noch so hell ist, aufpassen, daß es nicht rasch dunkel wird, davon und von der Müdigkeit ist Gangart und Herumschauen beherrscht. Die straffe Fahrt der Automobile auf der großen glatten Straße. Das rotgekleidete

Orchester, das im Lärm der Automobile im kleinen Gartenrestaurant unhörbar nur zum Genuß der nächsten Umgebung auf den Instrumenten arbeitet. Nie gesehene Pariser führen einander an der Hand. Verbranntes erdfarbenes Gras. Männer in Hemdärmeln mit ihren Familien im Halbdunkel der Bäume in Beeten, zu denen der Zutritt schon vorher verboten war. Hier war das Fehlen der Juden am auffallendsten. Der Rückblick zur kleinen Dampfbahn, die sich aus einem Karoussel abgewickelt und weggefahren zu sein scheint. Der Weg zum See [im Bois de Boulogne].

(...) Viele Menschen auf den Abhängen des Westufers, eingepflanzte Stöcke, ausgebreitete Zeitungen, Mann mit seinen Töchtern flach im Gras, wenig Lachen, niedriges Ostufer, bei uns schon seit langem abgeschaffte Wegbegrenzung aus kleinen, aneinandergefügten gebogenen Hölzchen, geeignet Schoßhündchen vom Rasen abzuhalten, ein wilder Hund läuft über die Wiesen, ernst arbeitende Ruderer mit einem Mädchen in ihrem schweren Boot. Ich lasse Max besonders einsam bei einer Grenadine im Dunkel am Rande eines halb leeren Kaffeegartens, wo nahe eine Straße vorübergeht, die wieder von einer andern unbekannten förmlich flüchtig gekreuzt wird. Automobile und Wagen fahren von dieser dunklen Kreuzungstelle in noch wüstere Gegenden. Ein großes eisernes Gitter gehört vielleicht zum Verzehrungssteueramt, ist aber geöffnet und läßt jeden durch. In der Nähe sieht man das grelle Licht des Lunaparks, das die Unordnung dieses Halbdunkels vergrößert. So viel Licht und so leer. Auf dem Weg zum Lunapark und zu Max zurück stolpere ich vielleicht 5 mal.

»Ein meilenweiter Steinhaufen«

London

London ist nicht das, was man eine »schöne Stadt« nennt. Es hat nichts aufzuweisen, was sich unserm Opernplatz oder gar dem Place de la Concorde in Paris vergleichen ließe. Die Zahl seiner durch Schönheit ausgezeichneten Gebäude steht in keinem Verhältnis zu der Zahl seiner Häuser überhaupt. Auch das Haus des Privatmannes bleibt äußerlich hinter dem zurück, was die Mehrzahl unsrer Straßen dem Auge zu bieten pflegt. Namentlich in der City und mehr noch in jenem volkreichen Stadtteil, der den Namen der »Tower Hamlets« führt, finden sich zahlreiche Gassen, auf die das Wort jenes spöttelnden Franzosen noch immer paßt, der ganz London mit kreuz und quer gebauten Mauerlinien verglich, drin sich große und kleine Löcher statt der Türen und Fenster befänden.

Unsre Häuser weichen in Bau und Einrichtung mehr oder minder voneinander ab; es dürfte schwerfallen, auch nur ein halbes Dutzend zu finden, die sich vollständig glichen. In London ist es umgekehrt. Ganze Stadtteile bestehen aus Häusern, die sich so ähnlich sehn wie ein Ei dem andern. Es ist mithin nichts leichter, als das »englische Haus« als Kollektivum zu beschreiben. Das englische Haus hat zwei oder drei Fenster Front, ist selten abgeputzt, meist durch ein Eisengitter von der Straße getrennt und hat ein Souterrain mit der Küche und den Räumlichkeiten für das Dienstpersonal. Parterre, und zwar nach vorn heraus, befindet sich das Sprech- oder Empfangzimmer (parlour), dahinter ein sitting-room, in dem das Dinner eingenommen zu werden, auch wohl der Hausherr seine »Times« zu lesen und sein Nachmittagsschläfchen zu machen pflegt. Die teppichbedeckte Treppe führt uns in die drawing-rooms, zwei hintereinander gelegene Zimmer von gleicher Größe, beide durch eine offenstehende, scheuntorartige Tür in stetem Verkehr miteinander. Hier befindet sich die Dame vom Hause; hier streckt sie sich auf diesem bald und bald auf jenem Sofa; hier steht der Flügel, auf dem die Töchter musizieren; hier sind die cup- und chinaboards (offene Etageren mit chinesischem Porzellan); hier stehn Humes Werke und Addisons Essays in endloser Reihe; hier hängen die Familienporträts; hier sitzt man um den Kamin oder am Whisttisch und beschließt den Tag in stillem Geplauder beim Tee oder im lauten Gespräch, wenn die Gentlemen das Feld behaupten und ihren selbstgemischten Nachttrunk nehmen. – In der zweiten Etage sind die Schlafzimmer – noch eine Treppe höher die Wohn- und Arbeitszimmer für die Kinder, auch wohl ein Gastbett für Besuch von außerhalb.

So sind Hunderttausende von Häusern. Ihre Einförmigkeit würde unerträglich sein, wenn nicht die Vollständigkeit dieser Uniformität wieder zum Mittel gegen dieselbe würde. In vielen Fällen wird nämlich von den Bauunternehmern nicht *ein* Haus, sondern ein Dutzend gleichzeitig und nebeneinander aufgeführt, wodurch diese Gesamtheit von Häusern oftmals das Ansehn eines einzigen großen Gebäudes gewinnt. Gesellt sich dann noch an jener Stelle, wo die einzelnen Häuser aneinandergrenzen, eine säulenartige Fassade oder gar an den ersten Etagen entlang ein zierlicher Balkon hinzu, so werden hier und da Resultate erzielt, die sich dem nähern, was unsere hübschesten Straßen aufzuweisen haben.

Eins aber haben Londons Straßen und Häuser vor uns voraus, das ist ihre äußerste Sauberkeit. Man gewahrt dies nicht ohne ein Gefühl der Beschämung, wenn man dabei des Schmutzes gedenkt, der namentlich zur Winterzeit in unsern Straßen souverän zu herrschen pflegt und sich auftürmt, als sei das so sein Recht. Jedes Londoner Haus hat bis in seine zweite und dritte Etage hinauf den unschätzbaren Vorteil eines nie mangelnden Wasserstroms, der ihm, nach Gefallen, aus Dutzenden von Röhren entgegenströmt. Alles schmutzige Wasser fließt sofort wieder ab und ergießt sich in eine tief unter jedem Straßendamm gelegene Kloake, deren Hauptkanäle mit der Themse in Verbindung stehen. Die Straßen selbst zeigen eine Reinlichkeit, die nur von der niederländischen übertroffen wird. Trottoirs (meist von Sandstein) nehmen gemeinhin die ganze Breite des Bürgersteiges ein, und das eigentliche Straßenpflaster (auf den Hauptverbindungslinien makadamisiert) befindet sich selbst bei Regenwetter und trotz des unglaublichen Verkehrs in stets passierbarem Zustand. Eigentümliche Fuhrwerke, die, ähnlich wie unsere Eggen auf dem Felde, einen breiten Besen hinter sich führen, fahren bei schmutzigem Wetter auf und ab und säubern so die aufgeweichten Straßen.

Ich bin ins Loben gekommen, fast wider meinen Willen; so sei denn auch vor allem und eh der Tadel wieder in sein Recht tritt, der fünf gewaltigen Brücken (zu denen sich die Hängebrücke als sechste gesellt) Erwähnung getan, die das eigentliche London mit Southwark oder, was dasselbe sagen will, die Grafschaften Middlesex und Surrey miteinander verbinden. Diese Brücken sind meiner Meinung nach weitab das Bedeutendste, was London an Baulichkeiten aufzuweisen hat. Ich glaube den Grund dieser eigentümlichen Erscheinung darin gefunden zu haben, daß das englische Volk alles hat, was zu einem *imposanten* Baue ausreicht: Berechnung, Reichtum, Ausdauer, Kühnheit, – aber *das* entbehrt, was zur Schöpfung des *künstlerisch* Vollendeten nötig ist: Geschmack und Schönheit. Sooft ich auch die Themse hinauf- und hinunterfahre, immer wieder beschleicht mich ein Staunen, wenn die Southwark-Brücke mit ihren drei Riesenbögen, deren jede eine Spannung von 240 Fuß hat, plötzlich vor mir auftaucht, und dies Staunen schwindet nur, wenn ich weiter stromabwärts gleite und die Londonbrücke, schwer und massig wie ein Gebirgsstück, über den Fluß geworfen sehe. Es läßt sich nichts Solideres denken, und wenn ich aufgefordert würde, einem Fremden in London den Punkt zu zeigen, der mir am meisten geeignet schiene, den Charakter dieser Stadt und dieses Landes zur Anschauung zu bringen, so würd ich ihn nicht nach

St. Paul und nicht nach Westminster, sondern an die granitne Brüstung dieser Brücke führen und ihn dem Eindruck dieser festen und kühn gewölbten Masse überlassen.

Wend ich mich jetzt zur Besprechung öffentlicher Gebäude, wie Kirchen und Paläste, so ist es ein unverhältnismäßiger Mangel an derartigen Bauwerken, der sich dem Urteil sofort aufdrängt. Das neue London, besonders auf dem Waterloo-Platz – wo sich zu den schönen Baulichkeiten des Platzes selbst die eleganten Klubhäuser Pall Malls und einzelner Nachbarstraßen gesellen –, präsentiert eine Anzahl von Gebäuden, auf denen auch das Auge des Architekten mit Anerkennung verweilen wird, aber diese Bauten, wie zum Teil vollendet an und in sich, haben doch überwiegend den Charakter von Privathäusern und bieten, wenn mir diese Wendung gestattet ist, nicht Masse genug dar, um den Baumeister so recht als einen Meister zu zeigen. Erst in voller Bewältigung massenhaften Stoffs, im Innehalten der Schönheit auch innerhalb der größten Dimensionen, offenbart sich der Meister. Alle diese Gebäude sind, vielleicht nicht ihrem Wert, aber ihrer Gattung nach, zweiten Ranges.

Großartige Bauten von mindestens relativer Makellosigkeit hat London nur zwei: St. Paul und das Britische Museum. St. Paul, wenngleich nur eine Nachahmung St. Peters, wird unter diesen Nachahmungen immer den ersten Rang einnehmen. Es ist im höchsten Maße bedauerlich, daß die Beengtheit des Platzes, auf dem dieser Riesenbau steht, einen Totalanblick unmöglich macht, aber auch was wir sehen, reicht aus, um uns den Namen Christoph Wrens mit Ehrfurcht sprechen und jener Grabschrift desselben (in der Kirche selbst) beipflichten zu lassen, die da heißt: Si monumentum requiris – circumspice!

Das Britische Museum zeigt den in London wenig vertretenen Stil der Antike. Es ist ein mächtiges Gebäude mit zwei kurz vorspringenden Flügeln. Ionische Säulen tragen den Portikus des Haupteinganges sowohl wie der Seitenteile. Überall Einfachheit und Symmetrie; die gewaltige Masse, durch Schönheit belebt, wirkt erhebend und bewältigend zugleich.

Hiermit ist das Verzeichnis Londoner Schönheit erschöpft. *St. James* ist nur noch die Karikatur eines Königsschlosses. Aus rotem Backstein aufgeführt, klein, niedrig und mit zwei abgekappten Türmen am Eingangstor, gleicht es eher dem verrotteten Herrenhause eines heruntergekommenen alten Squires in Yorkshire oder Westmoreland als dem Palast englischer Könige, und es bedarf des Auges dessen, der hinter den herabgelassenen Rouleaux das dicke rotbärtige Antlitz Heinrichs VIII. erkennt, wie er zur Anna Bulen flüstert, um diesen Platz wiederholt zu besuchen. *Buckingham Palace,* die gegenwärtige Residenz der Königin, ist minder häßlich als St. James, aber doch nicht um so viel schöner, daß es die Langeweile tilgte, die ihm auf der Stirne steht. Sollt ich zwischen beiden entscheiden, so würd ich, der Königin Viktoria zum Trotz, von zwei Übeln das kleinste wählen. – *Somerset House* ist stattlich, aber nichts weiter; seine Front markiert sich wenig, der Hof ermüdet durch Monotonie, und nur nach der Themse hinaus imponiert es durch seine Lage und seine Masse.

Und nun die Kirchen! Welch ein Verbrechen, von der Westminster-Abtei bis hierher geschwiegen und seinem Anhängsel, der Kapelle Heinrichs VII., noch keine pathetische Lobrede gehalten zu haben! Aber ich zähle nun mal zu den Unglücklichen, die es tragen müssen, keine geborenen Engländer zu sein, und infolgedessen zu der blasphemistischen Ansicht neigen, daß Westminster mehr interessant als schön sei und daß seine beiden Türme (zu denen der arme Wren, kein Freund der Gotik, nolens volens gepreßt wurde) die Linie des Lächerlichen nur notdürftig vermeiden. Ich liebe Westminster und das Zauberblau seiner prächtigen Mittelfenster, ich lieb es auch, mich in einen Chorstuhl der Kapelle Heinrichs VII. zu setzen und die Wappenbanner der Ritter des Bathordens über mir hin und her schwanken zu sehen, aber es ist die *Geschichte* dieses Platzes und nicht seine *Schönheit,* die mich an ihn fesselt, und ich kann nicht miteinstimmen in den Glaubenssatz jedes alten und echten John Bull, daß dieser Platz »das Wunder der Welt« sei.

Der echte John Bull hat auch noch einen andren Spleen, der jedenfalls unverzeihlicher ist als die Bewunderung des »wonder's of the world«, das ist die Bewunderung seiner neuen Houses of Parliament. Diese Parlamentshäuser sind da und haben viel Geld gekostet, das beides steht fest. Namentlich der letztere Umstand läßt den Gedanken gar nicht aufkommen, daß sie vielleicht doch nichts taugen könnten. Der praktische Sinn des Engländers sträubt sich dagegen, so viele Pfund Sterling vergeblich ausgegeben zu haben. Er wiederholt dir Mal auf Mal, daß das Gebäude 900 Fuß lang und einer seiner vielen Türme, zunächst noch in der Intention, 340 Fuß hoch sei; er weist dir nach, daß die Ornamente am Dach und an den Türmchen dem wonder of the world getreulich nachgebildet seien, und ruft dir, wenn nichts mehr helfen will, mit komischem Eifer zu: »Nun, da hätten Sie erst die alten sehen sollen.« Aber freilich, es werden auch Gegenstimmen laut und sprechen unumwunden aus, daß die Sache äußerlich und innerlich total verdorben sei. Es ist ein Mißverhältnis da zwischen der Höhe des Gebäudes und der Höhe des großen Südwestturms; endlose Ornamente, die überall sich vordrängen, nehmen ihm den Charakter schöner Einfachheit und lassen das Ganze trotz seiner riesigen Dimensionen kleinlich und fast unwürdig erscheinen. Man forscht nach einem Zweck dieser Schnörkeleien und kann keinen andern finden als den, daß sie da seien, um Staub und Rauch zu schlucken und den Raum herzugeben für viele tausend Schwalbennester. Die Verbindungsgänge innerhalb des Gebäudes entbehren aller Übersichtlichkeit und machen mehr den Eindruck von Irrgängen eines Labyrinths als von Verbindungsgängen eines Palastes.

Wenn das am grünen Holze geschieht, was soll am dürren geschehn!

London ist kein Sitz architektonischer Schönheit. Wenn einst die Hand der Vernichtung über diese Häusermasse kommen wird, wird ein meilenweiter Steinhaufe von der Weltstadt erzählen, die hier sich hinzog, aber das Fehlen von Säulentrümmern und ionischen Kapitälern, von Torso und bildgeschmücktem Fries – wird darauf hindeuten, daß es keine Welt voll Schönheit war, die hier dem Zeitlichen erlag.

*

Eines Tages, als wir das Betasche Haus in Pratt Street verließen, sagte Faucher zu mir: »Kennen Sie London?«

»Ja, was heißt kennen! Ich könnte vielleicht sagen ›ja‹, denn ich flaniere viel umher. Aber es ist doch wohl richtiger, wenn ich sage ›nein‹.«

»Nun, präzisieren wir die Frage. Kennen Sie die Matrosenkneipen in Old Wapping?«

»Nein.«

»Oder die Werbekneipen in Westminster?«

»Nein.«

»Oder Punch und Judy?«

»Nein.«

»Nun, dann weiß ich, wie's steht und daß Sie sich noch im Stande der Unschuld befinden. Ich bin übrigens, wenn es Ihnen paßt, jeden Augenblick bereit, Ihren Führer zu machen. Können Sie morgen abend? Man muß doch mal anfangen.«

Ich sagte ihm, daß mir nichts Lieberes passieren könne, und nun begann ein völliger Kursus, der sich über einen ganzen Winter hin ausdehnte. Wir wechselten dabei mit »hoch oben« und »tief unten«. Wenn wir uns an einem Tag zum Ship Hotel in Greenwich oder gar bis zu Star und Garter in Richmond verstiegen hatten, waren wir am andern Tag in den tollsten Spelunken, wohin uns dann ein Polizeibeamter von mittlerem Rang, ein Bekannter Fauchers, zu begleiten pflegte. Den Verkehr zu sehen zwischen diesem Faucherschen Bekannten und den Verbrechern, die seine geliebte Herde bildeten, war immer ein Hochgenuß. Ein noch größerer bestand darin, die – verglichen mit unsren Berliner Radaubrüdern – oft feinen und dabei humoristischen Formen zu beobachten, die in dieser Verbrecherwelt anzutreffen waren. Eigentlicher Knotismus ist nur bei uns zu studieren. Diese Fahrten durch die sehr unoffizielle Welt von London währten eine geraume Zeit. Als wir schließlich Schicht damit machten, kamen Landpartien an die Reihe, richtiger vielleicht, weite Spaziergänge in die Londoner Umgegend. Eines Tages, nachdem wir den Vormittag in einer Werbekneipe dicht bei Downing Street-Straße, darin die sehr unscheinbaren Baulichkeiten des Auswärtigen Amtes gelegen sind – zugebracht hatten, nahmen wir unsren Weg über die Westminsterbrücke nach Süden und schritten auf Kennington Common und dann auf Norwood und jene reizenden Wald- und Wiesengründe zu, die den Crystal Palace einfassen. Leise, durchsichtige Nebel lagen über der Landschaft, zugleich aber war es frühlingsfrisch, so daß uns die Luft beinah trug und das Marschieren keine Mühe machte.

Unsre Spaziergänge bis weit in Surrey hinein dauerten durch das ganze Frühjahr siebenundfünfzig hin, und als wir endlich auch damit abschlossen, wandten wir uns *dem* zu, was Fauchers recht eigentlichste Domäne war, den über die ganze City hin verbreiteten debating clubs. Die meisten befanden sich in Fleet Street und ein paar engen Nachbarstraßen, also in dem verhältnismäßig kleinen Quartier zwischen Temple Bar und Ludgate Hill – ein paar andre waren in Grays Inn Lane. Wie's da herging, das war überall dasselbe. Tisch' und Stühle sehr primitiv; man bestellte sich stout oder pale ale oder Whisky und dazu einen mutton-chop oder welsh rabbit – walisisches Kaninchen. Dieses »walisische Kaninchen« entsprach unserm »falschen Hasen«. Denn von Kaninchen stand nichts drin, vielmehr war es eine mit Chesterkäse belegte Weißbrotschnitte, die aber derart gebacken war, daß Käse und Weißbrot eine höhere Einheit bildeten. Es schmeckte sehr gut, war aber ungesund. Und während man sich's schmecken ließ, erschien in Front der Gesellschaft der Kneipenredner von Metier, um die Debatte des Abends einzuleiten. Ich bin diesen Rednern immer sehr aufmerksam und sehr teilnahmsvoll gefolgt, denn es waren immer gescheiterte Existenzen, die sich durch diese ihre stets mit Würde, ja manchmal sogar mit »sittlicher Empörung« vorgetragenen Reden ihren Lebensunterhalt verdienen mußten. Manchem sah man an, daß er, der vielleicht drauf und dran gewesen war, ein berühmter Advokat oder ein Parlamentarier zu werden, nun sich dazu hergeben mußte, bloßen Durchschnittsphilistern ein Stücklein ihm selber lächerlich erscheinender politischer Weisheit vorzutragen. Wie sich denken läßt, modelte sich der Vortrag dieser Leute sehr nach dem Publikum, das sie vor sich sahen. War ich beispielsweise mit ein paar Spießbürgern aus der Nachbarschaft ganz allein da, so war ich Zeuge, wie leicht der Redner es nahm; von dem Moment an aber, wo Faucher erschien und sich neben mich setzte, belebte sich das Gesicht des debaters, und es war sichtlich, daß er sein Lied »auf einen höheren Ton« zu stimmen begann. Nur sehr ausnahmsweise war Faucher in der Laune, das zur Debatte stehende Thema seinerseits aufzunehmen und weiterzuspinnen, wenn es aber geschah, so war es jedesmal ein Triumph für ihn, und der mehr oder weniger in die Enge getriebene Fachredner war klug genug, sich dem Enthusiasmus der Versammlung anzuschließen. Faucher sprach bei diesen Gelegenheiten immer sehr gut und witzig, aber *das* war es doch nicht, was ihm den Sieg in diesem Kreise sicherte; was man am meisten an ihm bewunderte, war sein großes Wissen. Er wußte das auch und fuhr deshalb gern das schwere Geschütz auf. Einen kleinen shopkeeper, der mir einmal bewundernd zuflüsterte: »He knows everything«, seh ich noch deutlich vor mir.

Ich hielt in diesen debating clubs einen ganzen Winter lang aus, dann wurde es mir aber langweilig, was mir Faucher so wenig übelnahm, daß er mir umgekehrt, zur Belohnung für meine bis dahin bewiesene Ausdauer, etwas »Höheres« versprach. »Einige Fremde haben da neulich einen internationalen Verein gegründet, auch ein paar Engländer sind mit dabei; da werde ich Sie einführen. Ich denke mir, es muß Ihnen Spaß machen.«

»Wie heißt denn der Klub?«

»Es ist kein Klub; wir haben das Wort absichtlich vermieden. Es ist, wie ich schon sagte, eine internationale Gesellschaft,

Menschen aus aller Herren Länder; Sprachwirrwarr. Und danach haben wir denn auch den Namen gewählt. Die Gesellschaft heißt *›Babel‹*.«

Ich fand das sehr hübsch, ließ mich einführen und habe, was mir in *deutscher* Sprache nie passiert ist, auch einmal, englisch, einen Vortrag in ebendieser Gesellschaft gehalten. Worüber, weiß ich nicht mehr, ist auch gleichgültig. Aber das weiß ich, daß die Gesellschaft überhaupt sehr interessant war, vielleicht weil das Hamlet-Wort »Thou comest in such a questionable shape« auf jeden einzelnen in dieser Gesellschaft wundervoll paßte. Manche weiß ich noch mit Namen zu nennen, und ihr Bild steht mir noch deutlich vor der Seele. Da war Mr. Heymann, der, »Schlesien, sein Heimatland«, ganz vergessend, zum Engländer geworden war oder sich wenigstens daraufhin ausspielte; da war Mr. Dühring, Perpetuum-mobile-Sucher und Tiftelgenie; da war Mr. Bernard – Franzose –, der, wie man sich erzählte, dem Orsini die Bomben angefertigt hatte; da war ein Mr. Blythe, der Leitartikel für »M. Herald« oder »M. Advertiser« schrieb; da war Mr. Mosabini, ein bildhübscher griechischer Jude; da war schließlich ein blasser, harmloser, zwischen Wener- und Wettersee geborener Schwede namens Dalgreen, seines Zeichens ein Gärtner, der sich, gleich mir, in diese zum Teil sehr kühne Gesellschaft nur verirrt hatte. (…)

Ich muß es übrigens Heymann lassen, daß er ein gescheites Kerlchen war, und kann ihm nur vorwerfen, daß er von seiner Gescheitheit einen etwas weitgehenden Gebrauch machte, sowohl in den Künsten der Debatte wie in seinen Spekulationen. Beide waren von einer seltenen Unverfrorenheit getragen. Am größten aber erwies er sich in der Zeit, wo Mr. *Dühring,* unser Tiftelgenie, den ganzen Babel-Kreis durch eine von ihm gemachte »großartige« Erfindung in Aufregung und Staunen versetzt hatte. Diese Erfindung bestand in den seitdem allerdings mehr oder weniger berühmt gewordenen Kohlenfiltern. Die Herstellung erfolgte, wenn ich nicht irre, so, daß er faustgroße, aus Sägemehl und Teer oder Pech gemischte Kugeln formte und diese Kugeln bis zur Verkohlung glühte. Für den Hausgebrauch haben sich diese Kugeln, soviel ich weiß, auch leidlich bewährt. Aber solch ein Erfolg im kleinen war nicht, wonach ein Mann wie Dühring, der die Welt aus den Angeln heben und dabei vor allem viel Geld verdienen wollte, dürstete, weshalb er auf den ungeheuerlichen Gedanken kam, die *Desinfizierung der Themse,* mit Hülfe seiner porösen Kohlenkugeln durchzusetzen. Wie man hundertfünfzig Jahre früher vor Gibraltar flache schwimmende Batterien errichtet hatte, so sollte jetzt, am Themse-Kai hin, eine ganze Flotte von Filterflößen aufgefahren werden, und zwar immer an den Mündungsstellen des großen Kanalisationsnetzes. Auf die Weise, so hieß es, komme nur ein wasserklarer Zustrom – einige Begeisterte sprachen sogar von der Möglichkeit des Trinkens – in den Fluß, und alle Lästigkeiten und Fährlichkeiten bei Cholera und ähnlichen Epidemien wären ein für allemal beseitigt. Heymann, ganz aus dem Häuschen, sah auch für sich persönlich endlich die Zeit gekommen, durch einen großen Coup die Citywelt in Erstaunen zu setzen, und übernahm die geschäftliche Seite des Unternehmens. Das nächste war, das government von der epochemachenden Wichtigkeit der Sache zu überzeugen, und Beta, wie immer, wurde heranbeordert, um den nötigen Begeisterungsartikel in die Presse zu lancieren. Er tat es auch mit der ihm eignen Begeisterungsfähigkeit. Ich sah kopfschüttelnd dem allem zu, und als es mir zu arg wurde, raffte ich mich zu dem Satze zusammen, »daß ich dies alles für einen großen Unsinn hielte«. Aber da kam ich schön an, alles drang heftig auf mich ein, am meisten natürlich Heymann, der werdende Massenmillionär, der dann auch auf dem Punkte stand, alle Beziehungen zu mir abzubrechen. Indessen er besann sich wieder, alles klang wieder ein, und als der schon erwähnte zweite »junge Heymann« – seine Geburt war gerade in die »allergrößte Zeit« gefallen – getauft werden sollte, wurden meine Frau und ich, desgleichen Faucher und Frau und, wenn ich nicht irre, auch Mr. Blythe zur Taufe geladen. Diese fand in Savoy Street – dicht am Strand –, wo sich die deutsche Kapelle befand, statt, und nach dort vollzogenem feierlichen Akt fuhren wir nach einem reizenden Square in Camden Town, wo Heymann seine Wohnung hatte. Das Mahl war glänzend, und es erschienen Delikatessen, wie sie mir nie wieder vor Augen gekommen sind; ich ließ es mir gut schmecken und war in glänzendster Stimmung. Die ganze Gesellschaft nicht minder. Nach Tisch aber – es dämmerte schon –, als wir uns eben in einen vorgebauten Erker, von dem aus man über den ganzen Square sah, zurückgezogen hatten, zeigte Faucher auf ein paar Gestalten, die mit ernsten Gesichtern vor dem Hause auf und ab schritten. »Das sind beadles«, sagte er leise zu mir. Denn er hatte, wie fast auf jedem Gebiet, so auch auf *diesem,* eine feine Sachkenntnis. »Beadle?« fragte ich, stutzig geworden, »ein beadle ist doch soviel wie ein Exekutor.« – »Allerdings«, antwortete Faucher und lachte. »Ja, gilt das *uns?«* – »Nein, uns nicht, wenigstens nicht Ihnen und mir. Aber unsrem Freunde Heymann. Der arme Kerl ist eingeschlossen; er hat heute nur den einen Trost: My home is my castle, *heraus* aber darf er nicht.« Es dauerte denn auch nicht lange mehr, so war alles, was um uns her vorging, in der kleinen Taufgesellschaft ruchbar geworden, und meine Frau kam in ein leises Zittern. Bleiben wollte sie nicht länger, und gehen – ja, dessen getraute sie sich erst recht nicht; sie konnte ja aus Versehen mit verhaftet werden. Schließlich indessen, was half es! Und so durchbrachen wir denn, halb in Schreck und halb in Heiterkeit, den um unsren Freund Heymann gezogenen Kordon.

Dieser Vorgang und fast nicht minder der trotz seiner Verrücktheit eifrig weitergesponnene Plan der »Desinfizierung der Themse« machte es, daß ich mich von der Babel-Gesellschaft etwas zurückzog und eine Zeitlang keines ihrer Mitglieder mehr sah. (...)

Es rückten jetzt die Tage der Vermählung zwischen Kronprinz Friedrich Wilhelm und Prinzeß Victoria heran. Ich hatte darüber für eine Berliner Zeitung zu berichten, und da Faucher vorhatte, sich ebenfalls als own correspondent – ich weiß nicht mehr, für welch deutsches oder französisches Blatt oder vielleicht auch bloß für seinen »Morning Star« – zu installieren, so kam er täglich auf die Gesandtschaft, wo wir uns trafen und unsre Hoffnungen oder Befürchtungen austauschten. Alles drehte sich darum, ob es möglich sein würde, Plätze für uns zu beschaffen. Graf Bernstorff, wie immer die Güte selbst, drang schließlich bei dem Hofmarschallamte durch, und so bekamen wir unsere Tikkets. Aber hinsichtlich dieser Tickets selbst waltete doch ein großer Unterschied; Fauchers Ticket war, glaub ich, viel vornehmer, aber meines viel bequemer. So hatte der Zufall uns beiden geholfen, denn so gewiß ich jederzeit für Bequemlichkeit war, so gewiß war Faucher jederzeit für grande représentation, und wenn er zu diesem Zweck auch in spanische Stiefel geschnallt worden wäre. Ein wenig davon war nun wirklich der Fall, denn die ihm gewordne Eintrittskarte legte ihm die Verpflichtung auf, in Hofkostüm zu erscheinen: schwarzseidne Strümpfe und Schnallenschuhe, Frack Louis quinze, Dreimaster und Galanteriedegen. Mich hätte das finanziell ruiniert, für Faucher aber, den Mann von Westbourne Terrace, war das alles Bagatellkram, und auf einer Schauprobe sah ich ihn denn auch in pontificalibus. Er machte sich sehr gut und wußt es auch. Tags darauf war die Trauung in St. James; ich saß, Gott weiß durch welches Glück oder welchen Irrtum, dicht hinter der pompösen Herzogin von Sutherland und ihren zwei Töchtern, alle drei durch ihre Schönheit berühmt, und vergaß darüber meinen Faucher, den ich dann auch während der ganzen Festlichkeit nicht wieder zu sehen bekam. Den andern Nachmittag aber, ich hatte eben meinen Festbericht beendet, kam er von seiner Redaktion aus zu mir herausgefahren, und meine Frau ließ sich verleiten, ihm das, was ich über die Vermählungsfeier geschrieben hatte, vorzulesen. Er wiegte den Kopf dabei hin und her und sagte: »Ja, ja, man kann es auch so machen; ganz gut.« Es war aber ersichtlich, daß es ihm wenig gefallen hatte, was ich ihm zwar nicht übelnahm, aber in seiner vollen Berechtigung doch nicht ganz erkannte, ja, nach meiner damaligen Stellungnahme zu solchen Dingen auch nicht einmal erkennen *konnte.* Denn mir steckte zu jener Zeit der unter Glaßbrenner und Beckmann und unter beständiger Lektüre schrecklicher Wortwitze herangewachsene Spree-Athener noch viel zu stark im Geblüt, um solchen Bericht überhaupt schreiben zu können. Alles war vermutlich ohne rechte Manier. Ich ging davon aus, daß es darauf ankäme, die patriotischen und loyalen Wendungen mit soviel »Geist« wie möglich aufzuputzen, wozu mir die Hervorhebung kleiner scherzhafter Zwischenfälle ganz besonders geeignet erschien. Das ist nun aber, wie ich jetzt weiß, grundfalsch. Nicht feierlich sein, was, aufs Ganze hin angesehn, vielleicht ein Vorzug ist, kann auch zum Verbrechen werden, jedenfalls zur Unpassendheit, und der kluge und feine Faucher, der trotz all seiner Zynismen, Tollheiten und Eitelkeiten immer wußte, wo diese Dinge hingehören und wo nicht, hatte bei Anhörung meines Festberichts diesen Kardinalfehler gleich herausgefunden.

Die Wochen, die der kronprinzlichen Vermählung voraufgingen und folgten, hatten Faucher und mich wieder nähergeführt, so nahe, daß von jener Zeit ab, durch fast dreiviertel Jahr hin, eine Art Haus- und Familienverkehr entstand. Ich verdanke dem einige ganz besonders interessante Tage, trotzdem es an Schwierigkeiten und Sonderbarkeiten nicht fehlte.

Zunächst ein Wort über die Schwierigkeiten. Diese hatten ihren Grund schon in der räumlichen Entfernung, die so groß war wie nur möglich. Unsere Wohnung, mit dem Blick auf Hampstead und Highgate, lag im äußersten Norden, während sich Faucher umgekehrt am äußersten Südrande der Stadt niedergelassen hatte, noch über Camberwell hinaus, in einem schon ganz ländlichen Vorort, der Denmark Hill hieß. Bis dorthin war ungefähr so weit wie von Berlin bis Spandau. Die Blackfriarsbrücke bildete genau die Hälfte, und mit zwei Omnibussen konnten wir jedesmal den Heimweg zwingen, wenn wir nicht bei Fauchers die richtige Abfahrtszeit versäumten. (…)

Der letzte Besuch, den wir, meine Frau und ich, in Denmark Hill machten, schloß für uns mit einem kleinen Abenteuer ab. Es hatte den Tag über geregnet, und erst zu später Stunde, weil wir das Wetter abwarten wollten, brachen wir, so gut es ging und die Wasserlachen es zuließen, in Geschwindschritt auf, um noch den letzten Camberwell-Omnibus zu fassen. Aber wir kamen trotzdem zu spät, er war schon fort, und so stapften wir denn aufs neue durch die Tümpel hin, eine ganze deutsche Meile weit, bis wir die Blackfriarsbrücke glücklich erreicht hatten. Da standen cabs.

»Wir sind nun doch mal naß«, sagte ich. »Ich glaube, es ist das beste, wir marschieren weiter.«

»Ich kann nicht mehr; ich bin todmüde.«

So winkte ich denn einen cab heran – cabs, im Gegensatz zu Berlin, *kommen,* wenn man winkt –, und wir stiegen ein. Und ehe wir noch über die Brücke waren, schlief meine Frau schon.

Es ging nun in grader Linie nördlich auf Holborn Hill zu, wo wir links einbiegen und dann, in abermaliger Biegung, durch Grays Inn Lane hin, auf unsre Wohnung in Camden Town zufahren mußten. Aber dies links Einbiegen bei Holborn Hill wurde versäumt, und unser cab-Kutscher zog es statt dessen vor, in grader Linie zu bleiben. Nun wußt ich sehr wohl – denn ich kannte London besser, als ich Berlin kenne –, daß man auf diesem Wege gradesogut nach Norden kam wie durch Grays Inn Lane, aber ebensogut wußt ich auch, daß die cab-Kutscher nie so fuhren, denn dieser gradlinige Weg führte durch eins der schlechtberufensten und zugleich engsten und winkligsten Quartiere von London, durch Clerkenwell. Wie oft, wenn wir, auf unserm täglichen Wege zur Post, Holborn Hill passierten, hatten wir nach diesem übelberufnen Stadtteile scheu hinübergeblickt; denn man konnte nicht leicht etwas Trostloseres und Beängstigenderes sehn als dies Clerkenwell. Daß es aus halbverfallenen elenden Häusern bestand, hatte nicht viel zu sagen, solche heruntergekommenen Quartiere gab und gibt es in London überall, aber *das* war das Schlimme, daß man vor etwa zwanzig oder dreißig Jahren den Versuch gemacht hatte, das Alte hier niederzureißen und Neues an seine Stelle zu setzen, in welchem Versuche man, weil die Baugelder ausgingen, steckengeblieben war. Als Folge davon ergab sich nun ein furchtbares mixtum compositum von Spelunken und unfertigen Neubauten, von welch letztren man nichts sah als zehn oder fünfzehn Fuß hohe Mauern mit halbfertigen Fensteröffnungen. Denn auch diese schnitten wieder in der Mitte ab. Ich wußte, daß dieser Stadtteil meiner Frau jedesmal ein ganz besondres Grauen einflößte; was aber, weit darüber hinaus, die Lage ganz besonders heikel machte, war der Umstand, daß wir kaum acht Tage vorher von einem cab-Kutscher gelesen hatten, der, in seiner Eigenschaft als Mitglied einer Diebs- und Mörderbande, sich durch prompte Fahrgastablieferung in Quartieren à la Clerkenwell nützlich gemacht hatte. Mir selbst war, dem allem gegenüber, auch ziemlich ängstlich zu Sinn, aber dies Angstgefühl verschwand doch neben der Schreckensfrage: Wenn deine arme Frau jetzt gerade aufwacht! Und natürlich keine halbe Minute mehr, so gab es einen Stoß, und aus ihrem Schlaf in die Höh fahrend, sah sie jetzt durch das herabgelassene Fenster auf die ihr nur zu wohl bekannten, aus hellgelben Ziegelsteinen aufgeführten Ruinen.

»Um Gottes willen, er fährt ja –«

»Ja, ja Kind. Aber beruhige dich nur; es wird schon wieder besser; wir sind ja gleich heraus –«

»Nein, nein. Laß halten.«

»Ich bitte dich. Um alles in der Welt, mach hier keine Szene. Wir blamieren uns unsterblich. Unter allen Umständen, wir können nichts ändern. Außerdem, sieh nur, er jagt ja wie toll, es ist, als ob er sich selber graule.«

Wirklich, eine halbe Minute später, so lag Clerkenwell hinter uns; das mußte Somers Town sein und das der Eisenbahnbogen. Und eine kleine Weile noch, so hielten wir vor unsrem Haus, und Betty, die sich schon geängstigt hatte, leuchtete uns, den Blaker in der Hand, die kleine Treppe hinauf.

Joachim Ringelnatz

Die Träumer in der Untergrundbahn

Die Träumer in der Untergrundbahn
Haben vernebelten Blick.
Sie träumen ihre Zeit, ihr Geschick,
Beidem untertan.

Will keiner von ihnen den anderen sehn,
Will keiner vom anderen hören,
Will keines irgendwie stören.
Sie fahren. Und ihre Gedanken gehn,
Gedanken gehen, langsam, im Rund,
Laufen sich nicht die Sohlen wund.

Die Träumer in der Untergrundbahn,
Sie haben weder Klage noch Wahn.
Sie haben nicht viel zu erträumen
Unter Grund.
Sie werden ihr Ziel nicht versäumen.

Adalbert Stifter

Vom Turm des Stephansdoms

Wien

Sehr oft, und namentlich schon in späteren, reiferen Jahren, erwartete ich durch die Güte des Türmers, mit dem ich Bekanntschaft gemacht hatte, auf der höchsten Höhe des Turmes das Erwachen des Tages. Ich stieg zu diesem Zwecke entweder schon vor Tagesanbruch auf den Turm, oder ich durchwachte die Nacht auf demselben und stieg bei noch vollständigem Sternenscheine auf meinen Beobachtungsplatz. Diese Nachtspähen waren das Lohnendste. Erst gegen den Morgen hin wird die Stadt stille, und es gibt nur eine kurze Zeit nach Mitternacht und vor dem Morgen, in welcher es in der Stadt Nacht ist. Da liegt sie unten wie tot und starr. Und wenn man auf dem Turme hoch oben ist, von den prangenden Sternen umgeben, von der umliegenden Landschaft nichts im einzelnen gewahrend, sondern nur die dunkle Scheibe derselben erblickend, die von der lichten, sternflimmernden Himmelsglocke geschnitten wird, und wenn man dann niedersieht in die schwarzen Klumpen der verschiedenen Häuserdurchschlingungen, in denen sich die Nachtlichter wie trübe, irdische Sterne zeigen, so erscheint einem erst recht das menschliche Treiben, das hier eine Größe darstellen will, als Tand. Von Lauten hört man in dieser Zeit gar nichts als den Glockenschlag der Turmuhr, dem die Schläge von anderen Türmen antworten, und in Sommernächten zuweilen den Ruf einer Nachtigall, welche ein Liebhaber vor seinem Fenster hängen hat, welcher Ruf wahrscheinlich ein Not- und Angstruf in diesem Steinmeere ist. Die Menschen schlafen indessen in diesem Steinmeere, und wenige von ihnen werden zu dieser Stunde je einmal von dieser Stelle auf die Stadt niedergeschaut haben. Der Türmer tut es sehr oft, aber er ist des Anblickes schon gewöhnt.

Endlich, noch lange vorher, ehe sich durch die erste Himmelsrichtung das Nahen des Tages ankündigt, ertönen seine ersten Schalle für die Stadt Wien. Man hört ein fernes Rasseln durch eine Gasse, als ob Kriegsgeschütze in strengem Lauf führen. Es sind die ersten Wagen, welche beginnen, diesem ungeheuren Magen seine tägliche Nahrung zuzuführen. Vorzüglich sind es Fleischerwagen, die so heftig rollen und die ihren Bedarf zum Verkaufe in die Stadt schaffen, daß er dort an den Verkaufsorten zurechtgerichtet werde. Die Menschen werden durch dieses nachmitternächtliche Rasseln nicht beirrt; denn entweder schlafen sie ihren ersten festen Schlaf und hören nichts, oder das Rollen tönt in ihre Träume und ändert sie nicht, da sie dasselbe oft gehört haben und es gewöhnt sind. Dieses Rasseln verliert sich entweder in einer fernen Gasse oder es hört plötzlich auf, da der Wagen hält, und dann ist es wieder stille. Aber es wiederholt sich, die Zwischenräume werden kürzer, und es mischt sich das Rollen anderer Wagen hinein.

Indessen fängt der Himmel an, im Osten lichter zu werden, und die dunkle Landschaftsscheibe löset sich, wenn vorerst auch nur in einzelne, größere Teile. Gegen Norden ziehen und ruhen Nebel. Dort ist die Donau, und die dunkleren Streifen, die im Nebel liegen oder mit ihm zu gehen scheinen, sind Auen, durch welche der schöne Strom wallet. Allmählich wird der Himmel im Morgen immer klarer, die Sterne blasser, und die Rundsicht beginnt deutlicher zu werden. Jenseits des Nebels ist ein fahlroter Hauch hinaus: es ist das Marchfeld. Rechts von ihm, unter der hellsten Stelle des Himmels im Osten, schneidet sich der Rand der Scheibe am schärfsten von der Luft; dort sind die Karpaten, die ungarischen Höhenzüge und ist die ungarische Grenze. Die Berge im Westen, welche jetzt fast unschön schwarz in den Himmel ragen, sind anmutige Höhen, auf denen meistens Laubwerk steht, die gegen ihren Fuß herab Reben hegen, in denen Landhäuser, Dörfer und Schlösser herumgestreut sind und durch die tausendfach verschlungene Wege laufen. Diese Höhen sind fast ein ungeheurer Garten, welcher in einiger Entfernung und in einem großen Bogenteile um die Stadt liegt. Nach und nach wird der Morgenhimmel golden, die Sterne sind erloschen und der Süden tritt in die Rundsicht ein. Der Himmel wird röter und legt auch schon ein ganz schwaches Rot auf die Steine und Rippen des Turmes in der Gegend, in welcher wir stehen. Selbst durch Teile der Stadt läuft hie und da ein graues Schimmern, sie wird immer größer und streckt ihre Glieder, sich gleichsam im Morgenschlummer dehnend, über Hügel und Täler hinaus. Der Himmel wird nun glühend rotgelb. Die Nebel sind von der Donau verschwunden, und sie geht nun wieder wie ein stiller, goldener Bach dahin. In der Stadt blitzen hie und da Funken auf; es sind Fenster, an denen sich die Glut des Morgenhimmels fängt. In ihren Gassen wird das Rasseln häufiger, in anderen verworrenen Tönen beginnt es sich zu regen, und dort und da brauset es sanft wie Atemzüge eines Erwachenden. Auch einzelne Rauchsäulen steigen gegen den Himmel. Jetzt geht sachte ein anschwellender Blitz auf das Steinwerk unseres Turmes. Die Sonne ist es, welche die ersten Strahlen auf ihn sendet. Die Stadt trifft sie noch nicht. Bald wird auch sie begrüßt, und dieser Anblick ist unbeschreiblich schön. Von den tausend und tausend Fenstern glänzt es wunderbar. Zuerst entzündet sich irgendein Teil, dann verbreitet sich der Brand, von Gasse zu Gasse lodert es gleichsam, endlich glüht alles, und darüber funkeln die Turmkreuze und Kuppeln. In einem großen Teile des Jahres ist bei dem Eintreten dieses Schauspieles die eigentliche Stadt noch keineswegs erwacht. Nur Fremde sind es, die kamen, ihr Zufuhr zu bringen, und die sich in ihr bewegen, Leute der Vorstadt sind es, die auch herbeieilten, ihre Geschäfte vorzubereiten. Nach und nach mehren sich die Zeichen des Lebens. Der aufsteigenden Rauchsäulen werden mehrere, bis ein allgemeiner, leichter Rauch wie ein trüber Schleier gegen den Morgenhimmel emporwallt. Einzelne sich bewegende Menschen werden in den Gassen wie schwarze Punkte sichtbar, die sich regen und durcheinanderschießen, sie werden schnell ihrer viele und mehren sich stets, neue Laute schlagen auf, das Rollen, Rasseln und Prasseln wird immer dichter, das verworrene Tönen ergreift alle Stadtteile, gleichsam als ob sich Häuser und Gassen rührten, bis ein einziges, gleichmäßiges, dumpfes Bremsen unverändert durch die ganze Stadt geht. Sie ist erwacht. Die Sonne hat sich indes einsam und lächelnd wie ein silberner Schild höher an den Himmel geschwungen und schaut auf alles herab. Diese Zeit ist es, in der man das Schauspiel zu seinen Füßen am ungetrübtesten betrachten kann, ehe der Wind sich hebt und der Staub seinen schmutzigen Schleier über ganze Teile der Stadt und den Schmelz der Fernsicht legt.

Der Teil gerade zu unseren Füßen ist die eigentliche Stadt. Wir sehen sie wie eine Scheibe um unseren Turm herumliegen, ein Gewimmel und Geschiebe von Dächern, Giebeln, Schornsteinen, Türmen, ein Durcheinanderliegen von Prismen, Würfeln, Pyramiden, Parallelopipeden, Kuppeln, als sei das alles in toller Kristallisation aneinandergeschossen und starre nun da so fort. In der Tat, von dieser Höhe der Vogelperspektive angesehen, hat selbst für den Eingeborenen seine Stadt etwas Fremdes und Abenteuerliches, so daß er sich für den Augenblick nicht zu finden weiß. Wie eine ungeheure Wabe von Bienen liegt sie unten, durchbrochen und gegittert allenthalben und doch allenthalben zusammenhängend; nur die Gassen nach allen Richtungen sind wie hineingerissene Furchen, und die Plätze wie ein Zurückweichen des Gedränges, wo man wieder Luft gewinnt. Senkrecht im Abgrund unter uns liegt der Platz St. Stephans; die Menschen laufen auf dem lichtgrauen Pflaster wie dunkle Ameisen herum, und jene Kutsche gleitet wie eine schwarze Nußschale vorüber, von zwei netten Käferchen gezogen, und immer mehr und mehr werden der Ameisen und immer mehr der gleitenden Nußschalen. Dort, nur durch eine dünne Häuserschicht von uns getrennt, steht die schöne schwarze Kuppel St. Peters, von dieser Höhe erst sichtbar, wie weit sie die Häusermasse überragt, hinter ihr der freundliche Turm der Schottenabtei, links der schlanke Stift St. Michaels, dann die Augustiner, die Kapuziner und zwischen ihnen allen – selber eine kleine Stadt – die ehrwürdigen Gebäude der kaiserlichen Hofburg. Dann schwingt sich von Süd und Ost herum die Häusermasse des Kärntnerviertels, durchschnitten von dem sanften Bogen der Kärntnerstraße – der menschenwimmelnden – dort ragen die Franziskanertürme, weiter links die der Universität empor und dort, gegen Nordwest, du kleines, bescheidenes Türmchen! St. Ruprecht – ältestes der Stadt – und wieder links davon die zart durchbrochene Spitze von Maria am Gestade und noch andere und andere Türme, Giebel, Erker und Balkone. – Aber sieh, auch das Volk dieser Stadt ist erwacht und fängt sein Tagewerk zu betreiben an. Man könnte dessen Charakter weissagen aus der Stunde des Erscheinens auf dem Schauplatze der Beschäftigung – doch ehe wir dies tun, wirf noch einen Blick weiter hinaus über die Grenzen der eigentlichen Stadt – siehe, dort ist ein seltsamer Garten, in den du gestern gelangtest, als plötzlich die lange Vorstadtgasse abbrach. Wie ein breiter, grüner Gürtel läuft er um die Stadt herum, einst Glacis der Festung, nun in der Tat ein anmutiger Garten, mit grünen Rasenplätzen bedeckt, nach allen Richtungen von Alleen durchschnitten, ein wohltätig Luftreservoir, dahin sich in der Abendkühle gerne und zahlreich die Bevölkerung ergießt, um sich zu ergehen und freier aufzuatmen.

Und jenseits dieses Gartens, in ungeheurem Kreise herumgeschlungen, breit hinausgelagert, liegt erst jene Masse, die dieser Hauptstadt eigentlich ihre Größe gibt, die Masse der Vorstädte, ich glaube, man zählt deren bereits fünfunddreißig – mit größtenteils sehr schönen Fronten stellen sie sich im Kreise gegen das Glacis auf, gleichsam in ihrem Hereinschieben gegen die Stadt hier an einer unsichtbaren Grenze anhaltend und sich anstauend; denn weiter dürfen sie gegen den luftigen, gesundheitbringenden Garten des Glacis nicht vordringen; aber dafür machen sie sich draußen breit und fressen immer weiter und weiter den Raum hinweg; denn, siehst du, obwohl sie dort gegen Südwest über einen Hügel steigen, dann sanft ins Tal sinken, dort breit auseinanderfließen, bis ans Gestade des Donauarmes, ja denselben überschreiten, das jenseitige Inselgestade dicht überfüllend, dann wieder steigen und wieder sinken ans Ufer des Flusses Wien und dann schnell jenen ersten Hügel anklimmen – obwohl sie an manchen Stellen fast unübersehlich breit hinausgehen, bis sie sich allmählich mit mehr und mehr Gärten mischen, die weißen Punkte der Häuser einzelner auseinanderstreuend, und endlich an das grüne Gefilde stoßen, das wohl die Grenze der Stadt, nicht aber der Häuser ist; denn weit und breit in dasselbe herumgestreut liegen die Landhäuser, winzige, weiße Punkte, herüberleuchtend wie ferne Segel in einem duftigen, grünblau dämmernden Meere – obwohl schon unzählige der einstigen Dörfer um Wien von den Vorstädten verschlungen sind und jetzt als Städte noch meistens ihren einstigen Dorfnamen führen, so ist des Wachsens und des Bauens noch immer kein Ende. (...)

Siehe, die Sonne ist unterdes heraufgestiegen und gießt ihren Schimmer weithin und blendend über all den Schmelz und die Abenteuerlichkeit und Mannigfaltigkeit der ungeheuren Stadt ... und nun, welch ein Volk wohnt und treibt in diesen tausend Mauern?!

Obwohl die Sonne dem Landmanne draußen und uns hier oben längst schon aufgegangen ist, obwohl wir schon mit dem Auge die ganze Stadt durchwandelt haben, so bricht doch für diese unten erst der Morgen an, und ihre Regsamkeit beginnt. Es ist ein tausendgestaltig, ein seltsam Volk, durcheinandergewürfelt mit alten Vortrefflichkeiten und Tugenden und mit allen Leidenschaften und Lastern, und wenn du sagen gehört, wie Frohsinn und Herzensgüte sowie Scherz und Schalkheit der eigentliche Grundzug dieses Volkes sei, und obwohl es wahr ist, was man dir sagte, so hoffe doch nicht, daß du dieses am ersten, oder zweiten, oder zehnten, oder hundertsten Tage herauskostest. Diese Stadt muß wie ein kostbares Nachessen, langsam, Stückchen für Stückchen, mit Prüfung ausgekostet werden, ja, du mußt selbst ein solches Stückchen geworden sein, ehe der ganze Reichtum ihres Inhaltes und die Reize ihrer Umgebungen dein Eigentum geworden sind. Nur der langsamen und anhaltenden Beobachtung gibt sie sich hin, aber dann tief und innig und nachhaltend. Darum geht mancher von hier fort und trägt nichts mit, als ein Getümmel in seinem Kopfe. Erst lerne jene Ode überwinden, die dich fassen wird, wenn du täglich aus deiner Wohnung gehst und täglich andere Menschen auf der Gasse siehst, wenn du an Orten der Freude bist und alles um dich braust und jubelt, ohne sich um dich zu kümmern, daß es dir fast gespenstisch einsam wird – harre nur, gehe immer aus, sei immer hier, werde gemach einer aus ihnen, und siehe, in geheimer Neigung wirst du alle auf der Gasse erkennen, ja so erkennen, daß du den Fremden sogleich herausfindest. Sie werden überall mit dir reden, sie werden dich einladen, sie werden dir Freude zuteilen; denn du bist jetzt einer der ihren, sie erkennen dich und geben sich dir – – und wie du auch jetzt befremdet auf diese Häuser hinabsiehst, wer weiß, ob nicht in einem derselben noch im süßesten Morgenschlummer die zwei Augen zugedeckt sind, in deren Himmel du rettungslos versinken wirst, daß du dann die Stadt ein Paradies heißest, die dich jetzt noch mit so widerstrebenden Elementen anfaßt; – und hüte dich nur, man trägt hier wunderschöne Augen, und von der Herzensliebenswürdigkeit der Wiener haben die Frauen einen mächtig großen Teil empfangen.

Nun geht das Treiben an, sieh', wie auf dem Platze unten der Menschen immer mehr werden: die Fiaker fahren an und stellen sich auf, die großen, eisernen Riegel vor den Gewölben lüften sich und der Reichtum der Auslagen beginnt sich zu entfalten, ein blendend Verführungsmittel für das schöne und schönheitsliebende Geschlecht. Und wie sie alle laufen und durcheinanderwimmeln, als fürchteten sie sämtlich, zu spät zu kommen. Da fahren die Wagen und bringen in tausend kleineren Gefäßen das Weltmeer »Milch«, das heute verzehrt werden soll – Stand an Stand drängt sich auf dem Markte, mit Lebensmitteln belastet. Eine Million Tiere ist heute nachts gestorben, daß alle diese unten zu essen haben; ein Wald von Pflanzen wurde abgemähet und hereingebracht – da gehen die Mägde mit ihren reinlichen Einkaufskörbchen und tauchen hinein in das wogende

Gesurre – – siehe, auch schon eine Karosse, die über den Platz rollt – und alle die Geschäftsleute erscheinen und die Beamten, die in ihr Amt gehen – und es mehrt sich Hauch und Staub über der Stadt; der Wagen und Kutschen werden immer mehr, so daß ein unausgesetztes Donnern gedämpft herausschlägt zu unserer luftigen Einsamkeit. – Siehe, wie lieblich! Der Morgenhimmel sammelt nach und nach seine Vormittagswolken, und die Sonne legt deshalb auf die ausgebreitete Stadt hier Schattenbilder, dort Lichtblicke, daß sie unten liegt wie der Schmelz einer schönen Gold- und Silberstickerei – und ihre Größe kannst du daraus abnehmen, wie dort draußen die Ringe der Vorstädte in einem schwachen, blauen Dufte schwimmen, während die nahen Teile der Stadt mit der Klarheit eines *Camera obscura*-Bildes heraufsehen. Nun erblickt man auch schon die Wagen des Adels und reicher Privaten über das glatte Kirchenpflaster unseres Platzes rollen, und neben den Häusern zieht sich ein ununterbrochener, schwarzer Strom von Menschen hin wie wimmelnde Insekten – (…)

Die Glocke unter uns verkündet Mittag, und von den hundert Türmen der Stadt hallt es nach – so lasse uns denn wieder hinabsteigen. Tauche denn nun getrost in dieses Treiben, und es wird an dir sein, dir Glück oder Unglück darinnen zu suchen; beides ist in Menge da zu haben.

Nimm die Menschen und Bilder, wie sie kommen. Jetzt ein kleines, unbedeutendes Wesen, jetzt ein tiefer Mann voll Bedeutung; jetzt Scherz, jetzt Ernst; jetzt ein Einzelbild, jetzt Gruppen und Massen – und alles dies zusammen malet dir dann zuletzt Geist und Bedeutung dieser Stadt in allem, was in ihr liegt: sei es Größe und Würde, sei es Lächerlichkeit und Torheit, sei es Güte und Fröhlichkeit. So, nun steige hinab und trete an den nächsten besten einzelnen und beachte ihn und studiere ihn und werde gemach auch einer aus diesen allen, welche in Wien leben und leben und sterben wollen nur in Wien.

Klaus Mann

Letzte Vergnügungen

Budapest

Wie schön sind die Herbsttage in dieser Stadt! So leuchtend hell, so zärtlich milde kommen sie daher, daß man, für eine Stunde – oder doch für den bescheidenen Bruchteil einer Stunde – vergessen möchte, was woanders geschieht; was, auch hier, geschehen ist und weiter geschieht; was sich, vielleicht schon bald, begeben wird auf diesem jammervollen Kontinent. Ich bin froh, daß ich die knalligen Überschriften der ungarischen Zeitungen nicht lesen kann. Ausländische Zeitungen sind hier rar. Darf ich, und sei es nur ein paar Minuten lang, die Wärme dieses verspäteten Sommers, den Glanz dieses Oktobertages genießen – so harmlos, so unbefangen, wie die Menschenmenge, die hier am Donauufer flaniert?

*

Man nutzte die Gnadenfrist, so gut es gehen wollte. (...) Es war Faschismus, nichts anderes, was ich in Ungarn an der Herrschaft fand; Horthy und Gömbösch unterschieden sich kaum wesentlich von ihren berühmteren Kollegen, Hitler und Mussolini. Aber irgendwie neigte man dazu, eben die Greuel, um derentwillen man Deutschland verlassen hatte und Italien mied, in Budapest nicht ganz ernst zu nehmen. Läßt solche Toleranz auf die essentielle Frivolität meines Charakters schließen oder erklärt sie sich vielleicht aus dem frivolen Charme, dem Operetten-Klima der ungarischen Kapitale? Wie dem auch sei, ich muß beschämt gestehen, mich im sozial rückständigen, korrupt und terroristisch regierten Budapest recht wohl unterhalten zu haben.

Es war eine lustige, belustigende Stadt, greller Balkan mit Resten altösterreichischer Kultur; smarter Treffpunkt der internationalen Lebewelt, dabei nicht ohne provinziell-idyllische und ehrwürdig-pittoreske Züge; reich an Farben, reich an Gegensätzen, mit krasser Armut neben anrüchiger Eleganz, orientalisch wirkenden Bettlergestalten neben blendend zurechtgemachten Kokotten und Komtessen; ein erotischer Markt von bemerkenswerter Vielfalt und Qualität, ein sexuelles Angebot und Aufgebot, das den Vergleich mit dem Berlin der Inflationsepoche nicht zu scheuen brauchte. Es tat sich was auf den schönen Promenaden am Donaustrand, in den übertrieben schicken Nachtlokalen, in den türkisch dekorierten Bädern, deren Dämmerung – geil gesättigt vom Dampf der heilsam-heißen Quellen – zur schamlos kollektiven Orgie lud.

Wer wollte da den Spielverderber machen? Nicht ich, dem diese Exzesse einer vulgär-kommerziellen und doch auch wieder großartig elementaren, im antik-asiatischen Stil hypertrophierten Sinnlichkeit durchaus sympathisch waren. Erfüllte, derb ausgelebte Unzucht, auch wo sie sich mit finanziellem Interesse kuppelt, erheitert mich als die einzig unschuldige oder doch relativ harmlose Manifestation unserer tierischen Komponente, die sich nun einmal nicht völlig sublimieren läßt: Schon der jetzt erreichte, erzwungene Sublimierungsgrad verursacht in der Kultur ein Unbehagen, das nicht allein dem großen Freud zu denken gibt …

Freilich, ich weiß – und war auch im frivolen Budapest nicht frivol genug, es je zu vergessen: vom Animalischen, das ich gerne habe, ist's wohl nicht gar zu weit zum Bestialischen, vor dem mir graut. Wenn es sich so verhält, daß die Triebbefriedigung von destruktiven Impulsen ablenkt oder diese ins Positiv-Libidinöse wandelt, so ist doch auch nicht zu leugnen, daß entfesselte Sexualität die fatale Neigung hat, ihrerseits ins Sadistisch-Zerstörerische auszuarten. Die Massenorgie, an der ich mein halb ironisch-bitterliches, halb süß-ordinäres Vergnügen finde, enthält in sich den Keim zum Massenmord; jeder Rausch ist potentieller Blutrausch, eine Konstatierung, mit der ich meine

Eulogie der Wollust zwar nicht revozieren, aber doch schicklich modifizieren möchte.

Der Vulkan – ich hörte ihn, ich blieb in seinem Bannkreis, auch während ich im parfümierten Sumpf eines stark osteuropäisch oder schon außereuropäisch gefärbten Lustbetriebs Vergessen suchte. Vergessen, gibt es das? Die Problematik, von welcher unsere Zivilisation zerrissen wird, bleibt immer gegenwärtig, reicht überallhin, umfaßt unser ganzes komplexes, unteilbares Sein. Über Ursprung und Charakter der permanent-akuten Krise, durch die wir gehen, weiß der einseitig-geniale Freud ebensoviel und ebenso Ungenügendes auszusagen wie der einseitig-geniale Marx, was bedeuten will, daß die Wurzeln unserer Bedrängnis gleichzeitig in individueller und sozialer, erotischer und ökonomischer Sphäre zu suchen sind. Die rebellische Libido ist nicht weniger explosiv als der revolutionäre Klassenkampf; die traumesdunkle Mahnung, der kryptische Protest aus den Tiefen des persönlichen Unterbewußtseins, vermischt sich mit dem Grollen aus anderer Unterwelt – der gesellschaftlichen.

Vergessen? Dem geistig wachen Menschen ist es wohl nicht vergönnt, im türkisch dekorierten Hurenbad so wenig wie an würdigerem Orte. Übrigens will ich mein Interesse an der Hurerei nicht übertreiben, wie gewisse ›Bekenner‹ es zuweilen mit prahlerischer Zerknirschung tun. Was mich betrifft, so kann von sündigen Exzessen ebensowenig die Rede sein wie von den dazugehörigen Reue-Paroxysmen; schon deshalb nicht, weil ich, bei allem Wissen um die unterschwelligen Zusammenhänge zwischen Geschlechts- und Zerstörungstrieb, auch das ausgiebigste Vernügen weder als ›exzessiv‹ noch als ›sündig‹ empfinde: weshalb ich denn aus meinen oft etwas wahllosen Umarmungen keineswegs mit einem christlichen Katzenjammer zu erwachen pflege, sondern vielmehr (wenn es eine nette Umarmung war) in heidnisch guter Laune. Aber ein von solchen Späßen völlig ausgefülltes und beherrschtes Leben wäre mir kaum gemäß, und ich habe es denn auch niemals ausprobiert, nicht einmal vorübergehend, auf Ferienbesuch in einem Operetten-Babel.

Übrigens war das Budapest dieser Epoche beileibe nicht nur ein verbuhlter Pfuhl, sondern hatte auch Reize und Anregungen sehr anderer Art zu bieten. Die Horthy-Diktatur – im Prinzip und ihrem Wesen nach ebenso geistfeindlich wie jedes andere faschistische Regime – bewies bei der ›Gleichschaltung‹, will sagen: Vergewaltigung des intellektuellen Lebens, doch nicht die mörderische Konsequenz und Umsicht, mit der etwa der Hitler-Staat zu Werke ging. Im Ungarn von 1937 konnte ein liberal gesinnter Humanist und Kosmopolit wie Baron Ludwig Hatvany immerhin halbwegs ungestört leben und sich sogar, bei einiger Behutsamkeit, literarisch betätigen. Seine Lage, sehr ähnlich jener, die Benedetto Croce so lange im Italien Mussolinis auszuhalten hatte, blieb freilich beängstigend prekär und konnte jederzeit bedrohlich werden.

Hatvany kannte die faschistischen Justizmethoden. Glühender Patriot bei aller Voltaire-Skepsis und internationalen Umgetriebenheit, hatte er das Exil – ein vergleichsweise komfortables Exil, mit reichlich Geld, im vorhitlerischen Europa – unerträglich gefunden und war freiwillig in die Heimat zurückgekehrt: nicht ohne sich vorher die völlige Unbedenklichkeit eines solchen Schrittes von offizieller ungarischer Seite feierlich garantieren zu lassen. Garantie oder nicht, Hatvany wurde verhaftet, kaum daß er den geliebten magyarischen Boden betreten hatte. Wahrscheinlich wäre er bis zu seinem Lebensende im Loch geblieben, hätte nicht eine damals noch empfindliche und einflußreiche öffentliche Meinung in Deutschland, Frankreich, Österreich und anderen Ländern sich energisch für ihn eingesetzt. Die Proteste ausländischer Prominenz machten Eindruck: Horthy und seine Bande begnügten sich in schöner Mäßigung mit einer teilweisen Konfiskation des Hatvanyschen Vermögens; der ausgeplünderte, aber noch immer nicht arme Baron ward aus der Haft entlassen.

Ich war sein Gast während meines Budapester Aufenthaltes. In dem nobel-schlichten Palais, das er im alten Buda bewohnte, ging es angeregt und gesellig zu; eine intellektuelle und gesellschaftliche Betriebsamkeit, die durch einen gewissen Stich ins Heimlich-Konspiratorische erst recht pikant, aber auch leicht gespenstisch wurde. Die sehr junge Gattin des politisch anrüchigen Grandseigneurs stammte ihrerseits aus schwer kompromittiertem Hause: Ihr Vater, ein sozialistischer Abgeordneter, war von den ›weißen‹ Terroristen ermordet worden. Eine der früheren Gemahlinnen des wiederholt verehelichten, reizvoller Weiblichkeit überhaupt sehr zugetanen Barons – meine alte Freundin Christa Hatvany-Winsloe – hatte sich mit ihrem antimilitaristischen, antipreußischen Erfolgsstück ›Mädchen in Uniform‹ mißliebig gemacht: Was aber die Hatvanys nicht hinderte, sie weiterhin herzlichst bei sich zu empfangen. Es war lauter suspektes Volk, aufsässiges Gesindel, potentielle oder aktive ›résistance‹, was sich in diesem äußerlich so respektabel-opulenten Rahmen zusammenfand. Beim Abendessen sprach man vom Wetter; zwar galt der Butler als vertrauenswürdig, aber Vorsicht blieb doch geraten. Nach Tisch, im Rauchsalon, ließ man die Maske fallen und raunte Ketzerisches; Verschwörer unter sich, Rebellen im korrekten Abendanzug, ein isoliertes Fähnlein aufrechter, wenngleich etwas verschreckter Freiheitskämpfer.

Eine ›innere Emigration‹ – im Hause meines Freundes Hatvany habe ich erfahren, daß es dergleichen gibt. Man befand sich dort in einer Oase der Geistesfreiheit und des Widerstandes, mitten im Machtbereich des totalitär-autoritären Staates. Wie rührend! Wie imposant! Eine kleine Gruppe von machtlosen Intellektuellen – Schriftstellern und Gelehrten, Bohémiens und Aristokraten – wagte es, dem allmächtigen Regime Opposition zu machen. Vielleicht kam nichts dabei heraus als ein diskret-riskantes Getuschel im Rauchsalon. Aber das war doch etwas! Ob auch in Deutschland so getuschelt wurde? Fanden sie sich auch dort, die behutsam verwegenen, ängstlich streitbaren Feinde der Tyrannis? Die ›innere Emigration‹, mit der ich in Ungarn in Berührung kam und von deren Vorhandensein in Italien man mir berichtete, hatte sie ihre Vertreter auch in der unbetretbaren Zone, dem verlorenen Vaterland?

Egon Erwin Kisch

Der Newskij-Prospekt

Sankt Petersburg

Hier also war's, wo Anna Karenina, noch bewegt vom Unfall auf der Eisenbahn, in dem sie ihr zukünftiges Schicksal fühlt, nach Hause fuhr,

hier also war's, wo Casanova die russische Bauerntochter, die er um hundert Rubel gekauft, auf den Namen ›Zaïre‹ getauft und modisch eingekleidet hatte, spazierenführte,

hier also war's, wo die Beamtenwitwe Raskolnikowa in der Straßenbahn stolz den Zeitungsartikel ihres Sohnes Rodion Romanowitsch dem Nachbarn zeigte,

hier also war's, wo im dritten (nach russischem Kalender: im vierten) Stockwerk einer der in ›Krieg und Frieden‹ besoffenen Gardeoffiziere mit einem englischen Marineur wettete, sich auf die Fensterbrüstung zu setzen und die Beine gegen die Straße baumeln zu lassen, nachdem Fürst Pierre Besuchow das Fensterkreuz herausgebrochen hatte,

hier also war's, wo Mischkin, der ›Idiot‹, mit ungeschicktem Tritt zu seinem Onkel tappte,

hier also war's, wo beim Kartenspiel die ›Pique-Dame‹ Puschkins höhnisch blinzelte,

hier also war's, wo ein echt Gogolscher Friseur die ›Nase‹ loszuwerden trachtet, die er morgens im Brot fand, während ein Tschinownik seine Nase sucht, die er seit dem Morgen vermißt,

hier also war's, wo alle russischen Romane begannen und endeten, die erfundenen und die wirklichen, ›Zar und Zimmermann‹ und seiner Nachfahren Verhaftung, 1917.

Der Newskij-Prospekt heißt nicht mehr Newskij-Prospekt. Sondern: Prospekt des 25. Oktober.

Man denke sich ihn nicht als eine enorm breite, spiegelglatte Avenue, zwischen eisgetürmtem Newastrom und goldenen Palästen, er ist nur eine Binnenstraße und führt vom Moskauer Bahnhof zum Admiralitätspalast. Wir kommen an und sind etwas enttäuscht: hier also war's, wo Pierre Besuchow, wo Rodion Romanowitsch Raskolnikow, wo Anna Karenina, wo Peter Mischkin ... Eine Straße, kaum breiter als der Kurfürstendamm und lange nicht so gut gepflastert, Geschäfte, Wohnhäuser ...

Auf dem Platz vor dem Bahnhof: das Denkmal Alexanders III., alle Kaiser- und Generalsmonumente in Leningrad hat man stehenlassen und alle Marmorplatten, auf denen verewigt ist, daß jenes Gebäude, jene Brücke, jene Parkanlage unter der glorreichen Regierung des Zaren Soundso Soundsowitsch I., II., III. (nicht Gewünschtes bitte zu durchstreichen) errichtet wurde. Auf dem Sockel Alexanders III. ist bloß eine neue Inschrift eingemeißelt worden, Verse des Volksdichters Demjan Bednyj:

Mein Vater fand, so wie mein Sohn,
Den reichverdienten Henkerslohn,
Doch ich, ich muß hier weiterreiten
Ruhmlos durch alle Ewigkeiten.
Dick hockend auf dem dicken Hengst,
Ein lächerliches Schreckgespenst
Den Menschen, den von uns befreiten.

Alexander III.
vorletzter russischer Selbstherrscher.

Übrigens stimmt das mit dem Hocken auf dem dicken Hengst und das mit der Lächerlichkeit: der Bildhauer hat, ob freiwillig oder nicht, dem Dargestellten Gesicht und Körper eines vierschrötigen Wachtmeisters gegeben, dessen Eskadrongaul sich anschickt zu bocken, und man hat schon im Frieden ästhetisch-patriotische Diskussionen über diese Skulptur abgeführt. Ein bockendes Denkmalspferd ist etwas Auffälliges für St. Petersburg gewesen, wo die Bronzerosse die Gewohnheit des Gegenteils haben: sich kühn aufzubäumen. Es gibt hier keines, das seine vier Hufe am Boden hätte, Peters des Großen Gaul vor dem Winterpalais macht Männchen und stützt sich dabei auf den Schwanz – weshalb der Stallgenosse, den Nikolaus I. hinter der Isaakskathedrale reitet, dasselbe Kunststück probieren muß –, den Durchgang vom Generalstabsgebäude zum Newskij krönt eine ›Quadriga von sechs feurigen Rennern‹ (Holzbock), und deren Vorderfüße greifen ebenso in die Luft wie die der antiken Doppeltroika auf dem Narwabogen und die der vier Pferde, die über die Brüstung der Anitschkowbrücke von bronzenen Stallknechten zur Tränke geführt werden.

Wir aber wollen mit allen vier Beinen auf dem Boden der Tatsachen und des Newskij-Prospekts bleiben, auf dem die adligen Gestalten Dostojewskijs, Puschkins, Tolstois und Lermontows verschwunden sind und keine schnauzbärtigen Generale, keine reichen Kaufleute und überhaupt keine Equipagen mit galonierten Lakaien mehr spazierenfahren. An die Stelle der Kaleschen sind die Galoschen getreten, die Läden gehören den Kooperativen, und die Inhaber der berühmten Zuckerbäckereien Ballet, Berrin, Borman, Conradi und Abrikossow existieren nicht mehr, jedoch ein süßer Trust ist dir geblieben, der diese Geschäfte verwaltet; sie haben neue Namen, die sich schon eingebürgert haben, und man darf keinem Mädchen in Kiew, Rostow, Moskau oder Charkow erzählen, daß man nach Leningrad fährt, sonst muß man versprechen, eine Bonbonniere von Degurme (sprich: ›Des Gourmets‹) mitzubringen. Die Paläste stehen noch am Prospekt des 25. Oktober, genauso wie sie vor dem 25. Oktober standen, nur die Besitzer fehlen, Fürst Stroganow, Graf Scheremetjew, Graf Anitschkow, Graf Schuwalow, Großfürstin Elisabeth Feodorowna, der Präsident des Heiligen Synod Pobedonoszew, Fürst Beloselskij-Beloserskij und so fort (nach Paris).

Ihre Schlösser sind Museen geworden, meist verblieben Einrichtung und Anordnung, und der Palast wird als solcher besichtigt (Museum der aristokratischen Lebensweise), aber auch wissenschaftliche und künstlerische Kollektionen fanden in den Schlössern Unterkunft, Leningrad hat jetzt über zweihundert öffentliche Sammlungen – es ist vom Rom des Nordens zum Athen des Nordens geworden, und nirgends verfügen die Akademien, die Universitäten, die Kliniken, die Schulen, die Sammlungen, die Bibliotheken und die Professoren über derart splendide Räumlichkeiten. Dabei ist die Einwohnerzahl, die im Kriege zwei Millionen betrug und während Revolution, Bürgerkrieg und Hungersnot und weil Leningrad aufhörte, Rußlands Hauptstadt zu sein, auf sechsmalhunderttausend sank, wieder auf eine Million einhunderttausend angewachsen, obwohl einige Superkluge schon das Gras in den Straßen wachsen hörten und prophezeiten, an Stelle der Ermitage werde bald der Urwald wuchern. Statt des Grases wächst die Bevölkerungsziffer konstant, statt des Urwaldes wuchern ein paar NEP-Männer, und von den elfhundert jahrelang verödeten Häusern sind tausend von neuem bewohnt. Die restlichen hundert Gebäude, so die Kasernen am Marsfeld, verfielen allerdings beträchtlich, und ihre Renovierung würde mehr Geld kosten als ein Neubau. Derzeit die Stadt ohne Wohnungsnot (jeder obdachlose Junge hat hier ein Palais!), wird sie's bald nicht mehr sein, da sie der einzige baltische Hafen Rußlands ist und da die zentralen Unterrichtsbehörden über kurz oder lang hierher verlegt werden sollen.

Jedoch wir hatten uns vorgenommen, auf dem Newskij-Prospekt zu bleiben. Daß keine Gestalten Dostojewskijs, Tolstois und Lermontows, keine Kaleschen mit galonierten Dienern und keine schnauzbärtigen Generale und keine reichen Kaufleute mehr in Erscheinung treten, haben wir wohl genügend oft wiederholt, und es wird allmählich Zeit zu sagen, was in Erscheinung tritt. Vor allem tritt in Erscheinung, daß Leningrad auch im neuen Rußland eine elegante Stadt ist. Trotz der Textilnot ziehen sich die Frauen sehr gut an, nicht nur die jungen, auch die alten. Durchaus großstädtisch sehen die Männer aus, den Muschik im Schaffell und Ziegenfell, der in Moskau jenseits der Boulevards das Stadtbild beherrscht, findet man in Leningrad nicht; die Matrosen tragen sich außenbords wie aus dem Ei gepellt, sonst gibt es wenig Uniformen, nur die blauen Schildmützen der Studenten und der in technischen Berufen Tätigen; in sauberem Hemd und guten Anzügen gehen die Arbeiter auf den Straßen der inneren Stadt, stark unterschieden von ihren Genossen im Donezbecken, deren Mehrheit noch Lumpenproletariern gleicht.

Die Moral sitzt hier lockerer in den Gelenken, mag das nun Erbe der Hof- und Residenzstadt, mag das nun unveränderliche Eigenheit jeder Hafenstadt sein. Wirtshäuser blühen an allen Ecken und Enden, meist mit grün-gelbem Firmenschild und der Aufschrift ›Wijn‹, ›Bawarja‹ oder ›Lewnbrai‹ (laut lesen!), drei Kabaretts, eine Bar, und im Hotel d'Europe tanzt man sogar Foxtrott, dreimal in der Woche, sechs Paare aus dem Publikum, die sich, wenn Stimmungsbeleuchtung gemacht wird, auf neun erhöhen. Foxtrott und ›Hotel d'Europe‹ – Sehnsuchtsziel aller Gents und Modedämchen Moskaus! (Unter ›Foxtrott‹ versteht man in Sowjetrußland moderne Tänze; beim Foxtrott brach der Weltkrieg aus, und von Shimmy, Java, Blues, Charleston ahnen die Ärmsten nichts!) Außerdem gibt es zwei Spielklubs, einen mit Lotto auf dem Newskij und einen auf dem Wladimirskij-Prospekt, wo man Bakkarat und Makao spielen und die Aufmerksamkeit der Geheimpolizei auf sich lenken kann, und drei oder vier Juwelenläden, davon einen – den im Handelshof – mit Halbedelsteinen des Ural, insbesondere Lapislazuli.

Die Geschäfte strahlen Lichtreklamen aus, normale Litfaßsäulen und dreikantige transparente Glassäulen auf sechskantigem Postament sind plakathaft bemalt; auf weiße Leinwand werden gleichfalls Reklamen projiziert, zwischen Nachrichten der Abendblätter. Lautsprecher der Radios dröhnen an den Straßenkreuzungen, und die Gläubigen, die vor der Filiale der Troize-Sergijewa-Lawra knien, hören gleichzeitig das Gebet des Popen und das Orchester des Akademischen Operntheaters und wissen nicht, wo Gott wohnt. An der einen Ecke ist also die Leningrader Zahlstelle der Moskauer Kirche, an der zweiten Ecke der Funksprecher, an der dritten Ecke der Kaufhof, und an der vierten steht Ferdinand Lassalle. Nur als Herme, und da er nun einmal keinen Unterleib hat, ließ er sich auch den Schnurrbart abnehmen und ward zu einem Antinous, der die Handelsakademie absolviert hat; querkants und unregelmäßig ragt die Büste über das Postament hinaus. Lassalle teilt mit Plechanow, Jaurès, Bebel und einigen Sozialrevolutionären und Anarchisten das Schicksal, rechtzeitig gestorben zu sein, um Standbild, Straßen und Städte in Sowjetrußland gewidmet zu bekommen, denn hätten sie's erlebt, so hätte mancher, ein so ehrlicher Führer der Arbeiterschaft er auch sonst gewesen, für die Kriegskredite gestimmt und gegen die kommunistische Revolution agitiert. Jedenfalls steht jetzt Ferdinand Lassalle monumental da, nicht weit von der Katharina, die hat ihren Unterleib behalten und ist von den Statuen ihrer Günstlinge Potemkin, Rumjanzew, Bezkoi und Suworow umgeben. In dieser katharinischen Gegend öffnet der Newskij-Prospekt bereits ganz andere Prospekte als im Bahnhofsumkreis, hier buchtet er sich aus zu Plätzen mit Blumenbeeten, frei und prächtig schauen die Fronten von Theater und Bibliothek nach allen Seiten. Die Kasan-Kathedrale breitet ihre Arme aus, mächtige Kolonnaden, um ganz Rußland aufzunehmen; aber diese Umarmungsbereitschaft war nicht so gemeint, daß sich in ihnen Demonstranten zu Meetings gegen den Zarismus vereinigten, und da sie dies seit 1876 beständig taten, erfüllte man den Raum mit Rasen und Bosketts und sperrte ihn mit zierlichen Gittern – aus ist es mit den Demonstrationen, dachten die Regierenden und lachten sich ins Fäustchen, wie der Ehemann, der das Kanapee verkauft, damit seine Frau ihn nicht darauf betrüge. Die silberne Balustrade am Altar, sechshundert Kilo schwer, nach den napoleonischen Kriegen von den Donkosaken gestiftet, ist 1920, zur Zeit der Hungersnot, versilbert worden; sie soll keinerlei künstlerische Bedeutung gehabt haben. Von öffentlichen Kunstwerken ist erstaunlicherweise während des Bürgerkriegs nichts zerstört und nichts verschleppt worden, und nachher wurden die Sammlungen der

Ermitage und der andern Museen durch Stücke aus den Schlössern verdreifacht und vervierfacht; am Tage und in den Abendstunden sind die Galerien von Besuchern durchflutet, meist von Exkursionen, bei denen Damen der ehemaligen Bourgeoisie und Hörer der kunsthistorischen Akademie die Führer machen; ungeheure Schätze aus den entlegensten und unbewohntesten Sommerresidenzen sind der Öffentlichkeit zugänglich gemacht, also ›geraubt‹ worden.

Manchmal ist der Newskij-Prospekt eine Straße, manchmal ein Platz, manchmal aber auch eine Brücke; denn senkrecht auf diese Koordinate der Stadt verlaufen Vertikalprojektionen, und die sind flüssig. Schiffahrtskanäle. Man muß schon ein arger Schmeichler sein, um auf Grund dieser Kanäle Petersburg so malen zu können, daß man es erkennt und doch von Venedig nicht unterscheiden kann. Was aber brächten höfische Maler nicht zustande! – an den Wänden der russischen Museen und der Paläste von Zarskoje Selo ist zu bestaunen, wie die geschmeidigen Schüler Canalettos eine Perspektive zu wählen wußten, die dem Palais Stroganow die Züge des Dogenpalastes gibt, die (allerdings schmalen) Kaistraßen verschweigt, der Brücke zwischen Ermitage und Winterpalast den Schwung des Ponte dei Sospiri verleiht und auf der Moika, dem Jekaterininskij-Kanal und der Fontanka Gondeln schwimmen läßt.

Ganz großartig, schöner als der Markusplatz, wird der Newskij dort, wo er zu Ende ist, wo er in einem grandiosen Delta von Skulptur, Natur und Architektur sein Ziel erreicht, Mündung des ganzen russischen Landes in die Newa zu sein. Da leuchtet eine lange Spitze aus dunklem Gold über dem Figuren- und Säulenreichtum des Admiralitätsturmes, da rieselt der Springbrunnen und strecken sich die Bäume des Alexandergartens, da schickt sich Peter der Große an, mit seinem Pferd über den Fluß zu springen, da spreizen sich Senat und Synode und Garde-Manege, und da strotzt in altem Rot der Winterpalast, sichernd umschlossen von einem massiven Kreis der Ministerialgebäude.

Dahinter: die Newa. Vorige Woche war sie noch Eis, und nächste Woche wird sie ein Strom sein, aber sie vollzieht diesen Toilettenwechsel hinter braunwolkigem Vorhang. Der Himmel sandte ihn dem Flusse, und die vielgeprüfte Stadt wird er entschädigen, indem er ihr weiße Nächte gibt. Dann kann man nachts am Kai stehen und die Newa sehen und ihre geschmückten Inseln und die Peter-Pauls-Festung. Auf die blickten die Zaren und ihre Gäste, wenn sie sich vom Bankett erhoben, um ans Fenster zu treten: sie brauchten sich nicht zu beunruhigen, fest ragten die Wälle aus dem Wasser, jedem Ausbruchsversuch der gefangenen Empörer hohnsprechend. Die Zaren und ihre Gäste konnten lächelnd diesen Blick genießen, fest stand der Tower, weiß waren die Nächte, und keinem Gedanken öffnete sich der Prospekt des 25. Oktober 1917.

Peter Altenberg

Nachtcafé

Was ist ein Nachtcafe?! Etwas Unverlogenes. Die Mädchen wollen leben und nicht Frondienste leisten, nicht Schaffel reiben und Nachttöpfe fremder Menschen reinigen, solange sie noch entzückende Leiber haben. Sie wollen sich andererseits betrinken, um zu vergessen, daß das alles nicht so weiter geht, in infinitum. Sie stehen vor stündlichen Gefahren, müssen sich berauschen an irgend etwas, um sich Mut zu machen für die Schlacht des Lebens! Niemand behandelt sie nach ihres jungen Herzens Wunsche! Infolgedessen rächen sie sich, wie sie es können, bald so, bald anders! Heimtückische, feige Marodeure sind nur die Männer! Eine, der ich in Briefen meine tiefste Sympathie, mein gerechtestes Verständnis bewiesen hatte, sagte dennoch: »Du mußt mir die zwanzig Kronen im vorhinein bezahlen – –! Wir haben es leider gelernt, selbst romantisch veranlagten Dichtern nicht mehr zu trauen – – –!«

Die Damenkapelle ist eine Oase. Sie sind verheiratet, Bräute, oder sonst trau irgend jemandem. Sie haben ein konsolidierteres Schicksal. Sie haben irgend etwas gelernt, wodurch man sich weiterbringt. Sie haben sich der Lebens Ordnung eingefügt. Ob sie glücklicher sind, nicht andern Enttäuschungen, Gefahren ausgeliefert?!? Zwei Welten, hart aneinander, einander gleich in ihren schweren Kämpfen. Keine Damenkapelle ohne diese Hetären, keine Hetären ohne diese Damenkapelle! Nur die Männer sind das perfide Element. Sie möchten alle zusammen unglücklich machen, ihre ewig hungrigen Eitelkeiten mästen mit den unglückseligen Blicken verliebter Frauen! Damenkapelle oder Hetäre gilt ihnen gleich, ihre innere rohe Leere mit einem liebevollen dummen Frauenherzen auszufüllen – – –! Nachtcafe, du kleine miserable Welt, du Abbild der großen, noch viel miserableren!

Johann Wolfgang von Goethe

Die Hauptstadt der Welt

Rom

Rom, den 1. November 1786

Ja, ich bin endlich in dieser Hauptstadt der Welt angelangt! Wenn ich sie in guter Begleitung, angeführt von einem recht verständigen Manne, vor funfzehn Jahren gesehen hätte, wollte ich mich glücklich preisen. Sollte ich sie aber allein, mit eignen Augen sehen und besuchen, so ist es gut, daß mir diese Freude so spät zuteil ward.

Über das Tiroler Gebirg bin ich gleichsam weggeflogen. Verona, Vicenz, Padua, Venedig habe ich gut, Ferrara, Cento, Bologna flüchtig und Florenz kaum gesehen. Die Begierde, nach Rom zu kommen, war so groß, wuchs so sehr mit jedem Augenblicke, daß kein Bleiben mehr war, und ich mich nur drei Stunden in Florenz aufhielt. Nun bin ich hier und ruhig und, wie es scheint, auf mein ganzes Leben beruhigt. Denn es geht, man darf wohl sagen, ein neues Leben an, wenn man das Ganze mit Augen sieht, das man teilweise in- und auswendig kennt. Alle Träume meiner Jugend seh' ich nun lebendig; die ersten Kupferbilder, deren ich mich erinnere (mein Vater hatte die Prospekte von Rom auf einem Vorsaale aufgehängt), seh' ich nun in Wahrheit, und alles, was ich in Gemälden und Zeichnungen, Kupfern und Holzschnitten, in Gips und Kork schon lange gekannt, steht nun beisammen vor mir; wohin ich gehe, finde ich eine Bekanntschaft in einer neuen Welt; es ist alles, wie ich mir's dachte, und alles neu. Ebenso kann ich von meinen Beobachtungen, von meinen Ideen sagen. Ich habe keinen ganz neuen Gedanken gehabt, nichts ganz fremd gefunden, aber die alten sind so bestimmt, so lebendig, so zusammenhängend geworden, daß sie für neu gelten können.

Rom, den 7. November

Nun bin ich sieben Tage hier, und nach und nach tritt in meiner Seele der allgemeine Begriff dieser Stadt hervor. Wir gehn fleißig hin und wider, ich mache mir die Plane des alten und neuen Roms bekannt, betrachte die Ruinen, die Gebäude, besuche ein und die andere Villa, die größten Merkwürdigkeiten werden ganz langsam behandelt, ich tue nur die Augen auf und seh' und geh' und komme wieder, denn man kann sich nur in Rom auf Rom vorbereiten.

Gestehen wir jedoch, es ist ein saures und trauriges Geschäft, das alte Rom aus dem neuen herauszuklauben, aber man muß es denn doch tun und zuletzt eine unschätzbare Befriedigung hoffen. Man trifft Spuren einer Herrlichkeit und einer Zerstörung, die beide über unsere Begriffe gehen. Was die Barbaren stehenließen, haben die Baumeister des neuen Roms verwüstet.

Wenn man so eine Existenz ansieht, die zweitausend Jahre und darüber alt ist, durch den Wechsel der Zeiten so mannigfaltig und vom Grund aus verändert und doch noch derselbe Boden, derselbe Berg, ja oft dieselbe Säule und Mauer, und im Volke noch die Spuren des alten Charakters, so wird man ein Mitgenosse der großen Ratschlüsse des Schicksals, und so wird es dem Betrachter von Anfang schwer, zu entwickeln, wie Rom auf Rom folgt, und nicht allein das neue auf das alte, sondern die verschiedenen Epochen des alten und neuen selbst aufeinander. Ich suche nur erst selbst die halbverdeckten Punkte herauszufühlen, dann lassen sich erst die schönen Vorarbeiten recht vollständig nutzen; denn seit dem funfzehnten Jahrhundert bis auf unsere Tage haben sich treffliche Künstler und Gelehrte mit diesen Gegenständen ihr ganzes Leben durch beschäftigt.

Und dieses Ungeheure wirkt ganz ruhig auf uns ein, wenn wir in Rom hin und her eilen, um zu den höchsten Gegenständen zu gelangen. Anderer Orten muß man das Bedeutende aufsuchen, hier werden wir davon überdrängt und überfüllt. Wie man geht und steht, zeigt sich ein landschaftliches Bild aller Art und Weise, Paläste und Ruinen, Gärten und Wildnis, Fernen und Engen, Häuschen, Ställe, Triumphbögen und Säulen, oft alles zusammen so nah, daß es auf ein Blatt gebracht werden könnte. Man müßte mit tausend Griffeln schreiben, was soll hier eine Feder! und dann ist man abends müde und erschöpft vom Schauen und Staunen.

Den 10. November 1786

Ich lebe nun hier mit einer Klarheit und Ruhe, von der ich lange kein Gefühl hatte. Meine Übung, alle Dinge, wie sie sind, zu sehen und abzulesen, meine Treue, das Auge licht sein zu lassen, meine völlige Entäußerung von aller Prätention kommen mir einmal wieder recht zustatten und machen mich im stillen höchst glücklich. Alle Tage ein neuer merkwürdiger Gegenstand, täglich frische, große, seltsame Bilder und ein Ganzes, das man sich lange denkt und träumt, nie mit der Einbildungskraft erreicht.

Heute war ich bei der Pyramide des Cestius und abends auf dem Palatin, oben auf den Ruinen der Kaiserpaläste, die wie Felsenwände dastehn. Hievon läßt sich nun freilich nichts überliefern! Wahrlich, es gibt hier nichts Kleines, wenn auch wohl hier und da etwas Scheltenswertes und Abgeschmacktes; doch auch ein solches hat teil an der allgemeinen Großheit genommen.

Kehr' ich nun in mich selbst zurück, wie man doch so gern tut bei jeder Gelegenheit, so entdecke ich ein Gefühl, das mich unendlich freut, ja, das ich sogar auszusprechen wage. Wer sich mit Ernst hier umsieht und Augen hat zu sehen, muß solid werden, er muß einen Begriff von Solidität fassen, der ihm nie so lebendig ward.

Der Geist wird zur Tüchtigkeit gestempelt, gelangt zu einem Ernst ohne Trockenheit, zu einem gesetzten Wesen mit Freude. Mir wenigstens ist es, als wenn ich die Dinge dieser Welt nie so richtig geschätzt hätte als hier. Ich freue mich der gesegneten Folgen auf mein ganzes Leben.

Und so laßt mich aufraffen, wie es kommen will, die Ordnung wird sich geben. Ich bin nicht hier, um nach meiner Art zu genießen; befleißigen will ich mich der großen Gegenstände, lernen und mich ausbilden, ehe ich vierzig Jahre alt werde.

Den 24. November

Von der Nation wüßte ich nichts weiter zu sagen, als daß es Naturmenschen sind, die unter Pracht und Würde der Religion und der Künste nicht ein Haar anders sind, als sie in Höhlen und Wäldern auch sein würden. Was allen Fremden auffällt, und was heute wieder die ganze Stadt reden, aber auch nur reden macht, sind die Totschläge, die gewöhnlich vorkommen. Viere sind schon in unserm Bezirk in diesen drei Wochen ermordet worden. Heute ward ein braver Künstler Schwendimann, ein Schweizer, Medailleur, der letzte Schüler von Hedlinger, überfallen, völlig wie Winckelmann. Der Mörder, mit dem er sich herumbalgte, gab ihm an die zwanzig Stiche, und da die Wache hinzukam, erstach sich der Bösewicht selbst. Das ist sonst hier nicht Mode. Der Mörder erreicht eine Kirche, und so ist's gut.

Und so sollte ich denn, um auch Schatten in meine Gemälde zu bringen, von Verbrechen und Unheil, Erdbeben und Wasserflut einiges melden, doch setzt das gegenwärtige Ausbrechen des Feuers des Vesuvs die meisten Fremden hier in Bewegung, und man muß sich Gewalt antun, um nicht mit fortgerissen zu werden. Diese Naturerscheinung hat wirklich etwas Klapperschlangenartiges und zieht die Menschen unwiderstehlich an. Es ist in dem Augenblick, als wenn alle Kunstschätze Roms zunichte würden; die sämtlichen Fremden durchbrechen den Lauf ihrer Betrachtungen und eilen nach Neapel. Ich aber will ausharren in Hoffnung, daß der Berg noch etwas für mich aufheben wird.

Den 20. Dezember

Und doch ist das alles mehr Mühe und Sorge als Genuß. Die Wiedergeburt, die mich von innen heraus umarbeitet, wirkt immer fort. Ich dachte wohl, hier was Rechts zu lernen; daß ich aber so weit in die Schule zurückgehen, daß ich so viel verlernen, ja durchaus umlernen müßte, dachte ich nicht. Nun bin ich aber einmal überzeugt und habe mich ganz hingegeben, und je mehr ich mich selbst verleugnen muß, desto mehr freut es mich. Ich bin wie ein Baumeister, der einen Turm aufführen wollte und ein schlechtes Fundament gelegt hatte; er wird es noch beizeiten gewahr und bricht gern wieder ab, was er schon aus der Erde gebracht hat, seinen Grundriß sucht er zu erweitern, zu veredeln, sich seines Grundes mehr zu versichern, und freut sich schon im voraus der gewissern Festigkeit des künftigen Baues. Gebe der Himmel, daß bei meiner Rückkehr auch die moralischen Folgen an mir zu fühlen sein möchten, die mir das Leben in einer weitern Welt gebracht hat. Ja, es ist zugleich mit dem Kunstsinn der sittliche, welcher große Erneuerung leidet.

Rom, den 25. Januar 1787

Nun wird es mir immer schwerer, von meinem Aufenthalte in Rom Rechenschaft zu geben; denn wie man die See immer tiefer findet, je weiter man hineingeht, so geht es auch mir in Betrachtung dieser Stadt.

Den 2. Februar 1787

Von der Schönheit, im vollen Mondschein Rom zu durchgehen, hat man, ohne es gesehen zu haben, keinen Begriff. Alles Einzelne wird von den großen Massen des Lichts und Schattens verschlungen, und nur die größten, allgemeinsten Bilder stellen sich dem Auge dar. Seit drei Tagen haben wir die hellsten und herrlichsten Nächte wohl und vollständig genossen. Einen vorzüglich schönen Anblick gewährt das Coliseo. Es wird nachts zugeschlossen, ein Eremit wohnt darin an einem Kirchelchen, und Bettler nisten in den verfallenen Gewölben. Sie hatten auf flachem Boden ein Feuer angelegt, und eine stille Luft trieb den Rauch erst auf der Arena hin, daß der untere Teil der Ruinen bedeckt war und die ungeheuern Mauern oben drüber finster herausragten; wir standen am Gitter und sahen dem Phänomen zu, der Mond stand hoch und heiter. Nach und nach zog sich der Rauch durch die Wände, Lücken und Öffnungen, ihn beleuchtete der Mond wie einen Nebel. Der Anblick war köstlich. So muß man das Pantheon, das Kapitol beleuchtet sehn, den Vorhof der Peterskirche und andere große Straßen und Plätze. Und so haben Sonne und Mond, eben wie der Menschengeist, hier ein ganz anderes Geschäft als anderer Orten, hier, wo ihrem Blick ungeheure und doch gebildete Massen entgegenstehn.

Alfred Zimmermann

Aus der spanischen Königsstadt

Madrid

Wer beim Betreten Madrids eine moderne Großstadt zu sehen erwartet, erlebt eine arge Enttäuschung. Die von Philipp II. zum Mittelpunkte seiner spanischen Herrschaft erhobene Stadt trägt trotz aller Paläste und großartigen Anlagen einen ausgesprochen orientalischen Charakter. Die neuen, von breiten, schattigen Promenaden durchzogenen Viertel im Osten der Stadt, in der Umgebung des Retiroparks, erinnern trotz einiger Vernachlässigung wohl an die von der wohlhabenden Bevölkerung bevorzugten Teile europäischer Großstädte, der weitaus größte Teil Madrids aber bildet eine Welt für sich. Schon der Bahnhof, auf dem die von Norden kommenden Züge einlaufen, macht einen alles andere als großstädtischen Eindruck. Das schuppenartige, gänzlich schmucklose Gebäude liegt am Fuße des Schloßhügels in freiem, der Bebauung harrendem Felde. Eine ganze Reihe altmodischer Hotelomnibusse begrüßt neben den Autos des Rietz-Hotels und des benachbarten neuen Riesengasthofs den Ankömmling. Nur im Schritt vermögen Pferde die staubige Allee, die am Schloßgarten vorüber empor zur Stadt führt, wegen ihrer Steilheit zu bezwingen. Der palmenbepflanzte, schöne Platz vor dem Schlosse, den der Wagen berührt, ist menschenleer. Das benachbarte königliche Theater sieht verlassen und verwahrlost aus. Dann aber öffnen sich enge, verwickelte, von übermäßig hohen Häusern gebildete Straßen, in denen der bunteste Verkehr wogt. Bis hoch hinauf sind die Häuser mit Geschäftsreklamen bedeckt, Laden drängt sich an Laden. Zahlreich sind Confiterias, Geschäfte mit Süßigkeiten und Naschereien aller Art, Stoff- und Modewarenläden, Juweliere. Dazwischen gelegentlich Auslagen mit Toledometallarbeiten, Tabak-, Frucht-

und wenige Buchläden. Dafür wimmelt es von Ständen mit Zeitungen, illustrierten Blättern und allerlei Schundliteratur. Natürlich fehlt es auch nicht an Kinematographen. Am buntesten ist das Treiben auf dem Platze der Puerta del Sol, wo zehn Straßen sich treffen und zahlreiche elektrische Bahnen ihre Haltestelle haben. Jedes Eckhaus ist hier ein Hotel mit Kaffeehaus im Erdgeschoß. Die Südseite wird durch das Gebäude des Ministeriums des Innern gebildet, neben dem ein großes Spielwarengeschäft liegt. Tag und Nacht stehen hier meist dürftig und nachlässig gekleidete Männer, mit der Zigarette im Munde, Kopf an Kopf. Gott weiß, was sie bezwecken. Mitten durch drängen sich Hausierer mit Messern, Knöpfen und dergleichen, buntgekleidete Zigeunerinnen mit glänzend schwarzen Haaren und an die Stirn geklebten Locken, gelegentlich auch schwere, mit Ochsen bespannte Karren, Esel mit Lasten und Reitern. Des Morgens erblickt man auch nicht selten eine Ziegenherde mit schweren Eutern. Die Abnehmer erhalten die Milch an der Tür vor ihren Augen in den Topf gemolken.

Europäischer ist das Bild in den beiden Straßen, die von der Puerta del Sol nach Osten führen. Die breite Alcala, an deren Nordseite die Akademie, ein Theater und die Calatravakirche liegen, ist die Straße der Klubs. Den ganzen Tag sitzen hier zahlreiche Elegants an den Fenstern der stattlichen Klubhäuser, rauchen, spucken, plaudern und mustern die Vorübergehenden. Nicht minder stark besucht sind die neben den Klubs liegenden Kaffeehäuser. Auffällig berührt, daß man trotz des vielen Rauchens nirgends ein Zündholz erblickt. Jedermann führt hier ein mechanisches Feuerzeug in der Tasche, und unaufhörlich ertönt das Knacken dieser kleinen Apparate. Doch in keinem Café ist eine Dame zu sehen. Zeigt sich irgendwo an einem Tische ein Damenhut, so kann man sicher sein, daß er einer Fremden gehört. Spanierinnen besserer Klassen erblickt man, immer in elegantesten Strümpfen und Schuhen und nach neuester Mode gekleidet, nur im Wagen oder in den Läden. In der ebenso belebten, halb parallel laufenden Straße San Jeronimo, die zum Kongreßgebäude und dem Pradomuseum führt, drängen sich vornehme Restaurants neben den Bureaus großer Geschäfte und zahlreicher Antiquitätenläden. – Der Hauptverkehr herrscht in der Stadthälfte, die südlich von diesen Straßen ziemlich steil hinunter zum Manzanares liegt. Es ist hier oft gar nicht durchzukommen. Hier liegen die Hauptmärkte, das Schlachthaus, Hospitäler, Kirchen und Theater. Zahllose Straßenhändler, Bettler, Zeitungshändler drängen sich zwischen den Ochsenkarren, beladenen Eseln und flinken, billigen Droschken. Die letzteren haben keine Fahrpreisanzeiger: aber am Sitz des Kutschers befindet sich ein Stab mit einem weißen Schild, ähnlich wie bei unseren Taxametern. Ist das Schild aufgerichtet, so ist der Wagen frei. An den Wänden der hohen Häuser sieht man häufig trokkene Palmwedel mit bunten Papierblumen befestigt. Sie stammen noch vom Palmsonntag und beweisen, welche Rolle kirchliche Festlichkeiten hier spielen. – Eine der Hauptstraßen dieses Stadtteils führt zu einem kleinen Platze, von dem ein breiter Boulevard jäh ins Tal hinabführt. Der Fleck heißt der Rastro, und auf ihm findet jeden Morgen ein großer Trödelmarkt statt. Ungeheuer sind die Mengen gebrauchter Möbel, Kleidungsstücke, Metallwaren, Bücher, die hier ausgeboten werden. Einzelne Buden, die ständig hier ihren Platz haben, sind ganz voll von alten Schlüsseln, Schlössern und dergleichen. Nur der berühmte, den bezeichnenden Namen »Lausemarkt« tragende Platz an der Sucharewna Baschnja in Moskau bietet ein ähnliches Bild. Blasco Ibanez hat dem Rastro und seinen Bewohnern einen ganzen Roman gewidmet.

Eigenartig wie Leben, Treiben und Straßenbild sind die Hoteleinrichtungen in der spanischen Hauptstadt. Die Gasthäuser, die bis vor kurzem als die besten galten, liegen an den geräuschvollsten Stellen der Stadt. Ihr Erdgeschoß stellt meist ein sehr belebtes Kaffeehaus dar. Im Innern herrscht ewiges geräuschvolles Kommen und Gehen. Zwar sind Lift, elektrisches Licht und Wasserleitung vorhanden, aber Europäer werden sich in diesen Häusern selten wohlfühlen. Dazu kommt, daß diese gastlichen Stätten dem Reisenden sich nur unter der Bedingung öffnen, daß er alle Mahlzeiten in ihnen einnimmt. Es ist daher von den an spanische Sonderheiten nicht gewöhnten Fremden als eine wahre Wohltat empfunden worden, daß die Rietz-Hotelgesellschaft neuerdings an der schönen, ruhigen Promenade am Pradomuseum ein neues, europäischen Wünschen entsprechendes Hotel eröffnet hat. Hier ist man auch nicht an die Mahlzeiten gebunden. Das Beispiel der Rietz-Gesellschaft hat bewirkt, daß jetzt in der nächsten Nähe dort von spanischen Unternehmern ein noch größeres, modernes Hotel erbaut worden ist. Vielleicht bedauert manch einer das Zurückdrängen der alten, eigenartigen Hotels. Da diese indessen seit langem die guten Seiten der alten Einrichtungen verloren und nur ihre Schattenseiten gehütet hatten, ist es um sie nicht schade. Zu den guten Eigenarten gehörte die Einrichtung, daß der Wein im Preis der Mahlzeit mit einbegriffen war. Davon war aber schon längst in den größeren Gasthäusern keine Rede mehr. Und dazu wurde hier der Wein auch immer schlechter und teurer. Heute bieten nur noch kleine spanische Gasthäuser den Wein ohne besondere Zahlung zum Essen. Mit dem Steigen der Weinpreise wächst der Verbrauch von Bier und Mineralwässern. Der Eßzwang der Hotels hat verschuldet, daß in Madrid nur wenige große Restaurants besserer Art vorhanden sind. Hier findet man neben manchen vortrefflichen Nationalgerichten auch sehr gute Küche französischer Art, bei nicht übertriebenen Preisen. Bei Ausflügen in die Büsche und Wiesen des El Pardo am Manzanares nehmen die Familien Vorräte mit und kochen an dort vorgesehenen Feuerstellen im Freien. Das ist indessen wohl nur ein Vergnügen für die unteren Klassen, welche auch die Hauptteilnehmer an den Ferias, Verbenas und sonstigen Festen sind, die im Laufe des Jahres in Madrid eine große Rolle spielen. Abgesehen von den Festen hat die Bevölkerung Interesse nur für die allwöchentlichen Stierkämpfe, Hahnengefechte und dergleichen. Die vornehme Welt bekommt man für gewöhnlich nur beim Korso, in der Stierarena oder bei den Pferderennen zu Gesicht. Der im Retiropark angelegte Zoologische Garten findet offenbar so wenig Liebhaber, daß er in einer traurigen Verfassung ist. Allerdings fehlt es in ihm, wie beim Pariser Jardin d'acclimatisation, auch an allem, was außer einigen wilden Tieren Besucher anlocken könnte.

Den Hauptreiz Madrids bilden für den Reisenden seine Kunstschätze. Die Bildersammlung des Prado hat ihresgleichen nirgends in der Welt, und auch die Waffen und Kostbarkeiten der Armeria sind teilweise einzig in ihrer Art. Diese Museen, zu denen noch die Sammlungen der Academica, der Gobelins und andere kommen, locken wohl die Mehrzahl der nicht in Geschäften reisenden Fremden nach der spanischen Königstadt. Wenn diese aber die Besucher sonst manchmal arg enttäuscht hat, liegt das wohl meist daran, daß sie in der Wahl ihres Unterkommens nicht glücklich waren und infolge mangelnder Sprachkenntnisse sich in das eigenartige Volksleben Madrids zu wenig vertieft haben. Was Madrid an Kunst bietet, ist so großartig und einzig, daß es in dem Rahmen dieser kurzen Skizzen nur angedeutet werden kann. Von Velasques, Murillo, Greco, Goya, ganz zu schweigen von den anderen spanischen Meistern, kann sich der Kunstfreund nur hier und in einigen anderen Orten Spaniens ein wahres Bild machen.

Nebel des Morgens, Stille des Abends

Lissabon

Im leichten Nebel des Vorfrühlingsmorgens erwacht schlaftrunken die Unterstadt, und die Sonne geht auf, als ob sie langsam wäre. Stille Heiterkeit liegt in der leicht kühlen Luft, und das Leben fröstelt in dem sanften Wind, der nicht weht, vor einer Kälte, die bereits vorüber ist, es fröstelt eher in der Erinnerung an Kälte als vor Kälte, weniger wegen des derzeitigen Wetters als vielmehr wegen des erst nahenden Sommers.

Bis auf die Milchgeschäfte und Kaffeehäuser ist noch alles geschlossen, aber die Ruhe ist keine sonntägliche Erstarrung, sondern schlicht Ruhe. Ein blonder Streif kündigt sich in der aufklarenden Luft an, und das Blau errötet leicht durch den sich auflösenden Nebel hindurch. In den Straßen die ersten Anzeichen von Bewegung, jeder einzelne Fußgänger hebt sich deutlich ab, und oben, an den wenigen offenen Fenstern, erscheinen ebenfalls morgendliche Gestalten. Die Elektrischen ziehen in der Nebelluft ihre bewegliche, gelbe Zahlenspur. Und von Minute zu Minute beleben sich spürbar die Straßen.

Ich lasse mich treiben, bin ganz sinnliche Aufmerksamkeit, ohne Gedanken und ohne Gefühl. Ich bin früh aufgewacht und ohne Vorurteile hinaus ins Freie. Ich betrachte alles prüfend wie ein Grübler. Sehe wie einer, der nachdenkt. Und ein leichter Gefühlsnebel steigt absurd in mir auf; der äußere Nebel scheint langsam in mich einzudringen.

Unwillkürlich fühle ich, daß ich soeben über mein Leben nachgedacht habe. Ich habe es selbst nicht bemerkt, aber so war es. Ich glaubte, ich sähe und hörte nur, wäre während meines ganzen müßigen Umherschlenderns nur ein Reflektor vorgegebener Bilder gewesen, eine weiße spanische Wand, auf welche die Wirklichkeit Farben und Licht anstelle von Schatten projiziert. Aber ich war mehr, ohne es zu wissen. Ich war die sich selbst verneinende Seele, und auch mein abstraktes Beobachten war Verneinung.

Die Luft trübt sich, weil der Nebel fehlt, sie trübt sich mit blassem Licht, mit dem sich der Nebel gleichsam vermischt hat. Mit einem Mal fällt mir auf, daß der Lärm viel größer und die Menschen viel zahlreicher geworden sind. Je mehr Passanten, desto weniger eilig die Sehritte. Und schon löst sich aus der sich verringernden Hast der anderen der Laufschritt der Fischweiber, die riesigen schwankenden Körbe der Bäckerjungen, die unterschiedliche Ähnlichkeit der Händlerinnen alles anderen, aufgehoben nur durch den Inhalt ihrer Körbe, in denen die Farben vielfältiger sind als das Feilgebotene. Die Milchmänner klappern mit den ungleichen Blechkannen ihres ambulanten Berufes wie mit hohlen absurden Schlüsseln. Die Polizisten erstarren an den Kreuzungen, ein uniformiertes Dementi der Zivilisation in der unsichtbaren Bewegung des anbrechenden Tages.

Wie gerne wäre ich doch in diesem Augenblick jemand, der dies alles nur mit seinen Augen sehen, dies alles nur betrachten könnte wie ein erwachsener Reisender, der heute an die Oberfläche des Lebens gelangt ist! Von Geburt an nicht gelernt zu haben, diesen Dingen allen überkommenen Sinn zu verleihen, sondern sie mit dem Ausdruck zu erleben, den sie abgetrennt von dem ihnen auferlegten Ausdruck besitzen. Im Fischweib die menschliche Wirklichkeit erkennen, unabhängig davon, daß man sie Fischweib nennt und weiß, es gibt sie, und sie ist Händlerin. Den Polizisten sehen, wie Gott ihn sieht. Alles zum ersten Mal wahrnehmen, nicht apokalyptisch als Offenbarung des Mysteriums, sondern unmittelbar als Blüte der Wirklichkeit.

Jetzt erklingen – es sind wohl acht, aber ich zähle sie nicht – die Schläge einer Glocke oder einer großen Uhr. Ich erwache aus mir selbst durch das banale Vorhandensein von Stunden, Begrenzungen, die das Leben in der Gesellschaft der fortdauernden Zeit auferlegt, Grenze im Abstrakten, Trennstrich im Unbekannten. Ich erwache aus mir selbst, und während ich alles betrachte, nun schon voller Leben und der gewohnten Menschheit, bemerke ich, daß der Nebel, der den Himmel freigegeben hat, mit Ausnahme des fast Blauen, das noch im Blau schwebt, meine Seele wahrhaft durchdrungen hat und zugleich den Kern aller Dinge dort, wo sie meine Seele berühren. Ich habe die Vorstellung dessen, was ich sah, verloren. Ich sehe, aber bin blind. Ich fühle mit der Banalität des bereits Bekannten. Dies jetzt ist nicht mehr die Wirklichkeit: Es ist das Leben.

Jawohl, das Leben, dem auch ich angehöre und das auch mir gehört; nicht mehr die Wirklichkeit, die nur Gott gehört oder sich selbst, die weder Geheimnis noch Wahrheit birgt, die, weil sie wirklich ist oder zu sein vorgibt, irgendwo unveränderlich existiert, frei von Zeitlichkeit oder Ewigkeit, absolutes Bild, Idee einer rein äußerlichen Seele.

Langsam, schneller als ich glaube, lenke ich meine Schritte zu der Haustür, durch die ich wieder nach oben, in mein Zimmer gehen werde. Doch ich bleibe davor stehen, zögere, gehe weiter. Die Praça da Figueira, die bunte Waren ausgähnt, füllt sich mit Käufern und meinen Horizont mit fliegenden Händlern. Ich gehe langsam, wie erstorben, weiter, und meine Art zu sehen ist nicht mehr die meine, sie ist nichts mehr: Nur mehr die Sehweise eines menschlichen Tieres, das, ohne es zu wollen, die griechische Kultur, die römische Ordnung, die christliche Moral und alle übrigen Illusionen geerbt hat, welche die Zivilisation ausmachen, innerhalb derer ich fühle.

Wo mögen die Lebenden sein?

*

Seit dem frühen Morgen und entgegen der sonnigen Gewohnheit dieser hellen Stadt hatte der Nebel die Häuserreihen, die aufgehobenen Räume, die Unebenheiten von Boden und Gebäuden in einen leichten Mantel gehüllt, den die Sonne nach und nach vergoldete. Doch je näher die hohe Mittagsstunde kam, desto mehr löste sich der nachgiebige Nebel auf und wich unwägbar in hauchdünnen Schattenschleiern. Gegen zehn Uhr vormittags verriet nur noch das zarte, zögerliche Erblauen des Himmels, daß es neblig gewesen war.

Kaum verrutschte die verbergende Maske, erwachte das Gesicht der Stadt zu neuem Leben. Wie durch ein geöffnetes Fenster brach der bereits angebrochene Tag an. In den Geräuschen vollzog sich eine leichte Veränderung. Neue Geräusche kamen hinzu. Ein blauer Farbton schlich sich aufs Straßenpflaster und in die unpersönliche Aura der Passanten. Die Sonne wärmte, doch war ihre Wärme noch feucht, unsichtbar gefiltert von dem schon nicht mehr vorhandenen Nebel.

Das Erwachen einer Stadt – mit oder ohne Nebel – bewegt mich weit mehr als das anbrechende Morgenrot über Feldern. Es ist sehr viel mehr als ein Erwachen, es ist sehr viel mehr zu erwarten, wenn die Sonne – statt die Gräser, die Konturen der Sträucher, die offenen Flächen der Blätter nur mit ihrem anfangs noch diffusen, dann feuchten und zu guter Letzt leuchtenden Licht zu vergolden – ihre möglichen Effekte auf den Fensterscheiben spielen läßt, sich darin vielfach bricht, Mauern bunt bemalt, Dächer in die verschiedensten Farbtöne taucht und den Morgen groß macht und so anders als so viele andere Wirklichkeiten. Das Morgenrot auf dem Land tut mir wohl; das Morgenrot in der Stadt tut mir wohl und nicht wohl und daher mehr als nur wohl. Ja, denn die größere Hoffnung, die es in mir weckt, hat wie alle Hoffnung jenen leicht bitteren, wehmütigen Beigeschmack, nicht Wirklichkeit zu sein. Der Morgen auf dem Land existiert; der Morgen in der Stadt verheißt. Der eine läßt leben; der andere denken. Und wie alle großen Verfluchten werde ich immer fühlen, daß denken mehr wert ist als leben.

*

Ich liebe die Stille langer Sommerabende in der Unterstadt, und insbesondere dort, wo sie im größten Gegensatz zum lärmenden

Tagesgewühl steht. Die Rua do Arsenal, die Rua da Alfândega und all die traurigen Straßen, die sich am Ende der Rua da Alfândega ostwärts ziehen, die lange, unterbrochene Linie der stillen Kais, sie alle trösten mich mit ihrer Schwermut, wenn ich mich an diesen Abenden in ihr Labyrinth der Einsamkeit begebe. Ich erlebe dann eine Zeit vor der meinen; genieße es, mich als Zeitgenosse Cesário Verdes zu fühlen und in mir nicht nur andere Verse als die seinen zu tragen, sondern auch genau jenen Stoff, aus dem sie entstanden. Und gehe ich dort, bis es dunkel wird, begleitet mich ein Lebensgefühl, ähnlich dem dieser Straßen. Bei Tage sind sie erfüllt von einem Treiben, das nichts besagt; bei Nacht sind sie erfüllt von einem fehlenden Treiben, das ebenfalls nichts besagt. Bei Tage bin ich nichts, bei Nacht bin ich ich selbst. Es besteht kein Unterschied zwischen mir und den Straßen in der Umgebung der Alfândega, abgesehen davon, daß sie Straßen sind und ich Seele, was in Anbetracht des Wesens der Dinge vielleicht unwesentlich ist. Es gibt ein gleiches, weil abstraktes Schicksal für Menschen und Dinge – eine gleichermaßen gleichgültige Bezeichnung in der Algebra des Geheimnisses.

Doch da ist auch noch etwas anderes ... In diesen langsamen, leeren Stunden steigt die Traurigkeit meines gesamten Seins von meiner Seele auf in meinen Geist, das bittere Bewußtsein, daß alles eine Empfindung von mir und zugleich etwas Äußerliches ist, das zu verändern nicht in meiner Macht steht. Ach, wie oft entstehen meine eigenen Träume nur als Dinge, nicht um mir die Wirklichkeit zu ersetzen, sondern um mir zu sagen, wie sehr sie ihr gleichen, da ich sie ebenfalls ablehne und sie außerhalb von mir erscheinen, wie die Elektrische, die gerade um die Kurve am Ende der Straße biegt, oder die Stimme des öffentlichen Ausrufers, der ich weiß nicht was in den Abend verkündet, das sich gegen die Monotonie der Dämmerung abhebt wie ein arabischer Gesang, wie ein plötzlicher Fontänenstrahl.

Künftige Paare schlendern vorbei, Näherinnen gehen zwei und zwei vorüber, junge Männer eilen zu irgendeinem Vergnügen, von allem befreite Ruheständler rauchen auf ihrem täglichen

Spaziergang, vor der einen oder anderen Tür stehen gedankenverloren und müßig die Ladenbesitzer. Langsam nachtwandeln Rekruten – kräftige und schmächtige Burschen – in bald lautstarken, bald mehr als lärmenden Gruppen. Zuweilen erscheinen auch ganz normale Leute. Automobile sind hier zu dieser Tageszeit selten, klingen für mich wie Musik. In meinem Herzen herrscht ein beklemmender Friede, und meine Ruhe ist Resignation.

All dies geschieht, und nichts von alledem sagt mir etwas, alles ist meinem Schicksal fremd und sogar dem Schicksal selbst – Unbewußtheit, Flüche ohne Sinn und Verstand, als werfe der Zufall Steine, Echos unbekannter Stimmen – kollektiver Salat des Lebens.

*

Die untergehende Sonne verströmt ihr Licht über die losgelösten Wolken: Der Himmel ist übersät mit ihnen. Weiche Reflexe in allen Farben füllen die Vielfalt in den Lüften, treiben abwesend in den großen Kümmernissen der Himmelsweite. Auf den Firsten der hohen Dächer, halbfarben, halbschatten, nehmen die letzten langsam verlöschenden Strahlen Farben an, die weder die ihren noch die der Dinge sind, auf denen sie ruhen. Große Stille liegt über dem Geräuschpegel der Stadt, auch sie wird allmählich still. Jenseits von Farbe und Geräusch atmet alles auf in tiefem Schweigen.

Die lichten Farben der Häuser, die das Auge der Sonne nicht sieht, verfärben sich aschgrau. Kälte liegt in der Vielfalt dieser Farben. Eine leichte Unruhe schlummert in den Scheintälern der Straßen. Schlummert und ruht. Und nach und nach wird in den tieferen der hohen Wolken der Widerschein des Lichts zu Schatten; nur in der kleinen Wolke, die adlerweiß über allem schwebt, bewahrt die ferne Sonne ihr lachendes Gold.

Alles, wonach ich gesucht habe im Leben, habe ich aufgehört zu suchen. Ich bin wie einer, der gedankenverloren nach etwas sucht, das er bereits auf seiner Traumsuche vergessen hat. Die gesuchte Sache wird weniger wirklich als die wirklichen Bewegungen der Hände, die suchen, durchsuchen, etwas aufnehmen und wieder absetzen, sichtbar existieren, weiß und lang, mit jeweils genau fünf Fingern.

Alles, was ich gehabt habe, ist wie dieser hohe, unterschiedlich gleiche Himmel, Fetzen aus Nichts, gestreift von einem fernen Licht, Bruchstücke falschen Lebens, vom Tod mit seinem traurigen Lächeln der ganzen Wahrheit aus der Ferne vergoldet. Alles, was ich gehabt habe, war mein Nicht-suchen-Wissen, Feudalherr von Sümpfen im Dämmerlicht, verlassener Prinz einer Stadt leerer Gräber.

Alles, was ich bin, war oder denke, daß ich bin oder war, all dies verliert plötzlich – bei diesen Gedanken und beim plötzlich verlöschenden Licht in der hohen Wolke – das Geheimnis, die Wahrheit, das Glück, vielleicht dieses Ich-weiß-nicht-was, in dem das Leben liegt. Das ist alles, was mir bleibt, wie eine fehlende Sonne, und über den verschieden hohen Dächern läßt das Licht seine Hände langsam nach unten gleiten, bis in der Geschlossenheit der Dächer aller innere Schatten sichtbar wird.

Verschwommen flackernder Tropfen, kleines, fernes Leuchten des ersten Sterns.

Walter Benjamin

Markthalle

Vor allem denke man nicht, daß es Markt-Halle hieß. Nein, man sprach »Mark-Thalle«, und wie diese beiden Wörter in der Gewohnheit des Sprechens verschliffen waren, daß keines seinen ursprünglichen Sinn behielt, so waren in der Gewohnheit meines Gangs durch diese Halle verschliffen alle Bilder, welche sie gewährte, so daß ihrer keines sich dem ursprünglichen Begriff von Einkauf und Verkauf darbot. Hatte man den Vorraum mit den schweren, in kräftigen Spiralen schwingenden Türen hinter sich gelassen, heftete sich der erste Blick auf Fliesen, die von Fischwasser oder Spülwasser schlüpfrig waren und auf denen man leicht auf Karotten ausgleiten konnte oder auf Lattichblättern. Hinter Drahtverschlägen, jeder behaftet mit einer Nummer, thronten die schwerbeweglichen Weiber, Priesterinnen der käuflichen Ceres, Marktweiber aller Feld- und Baumfrüchte, aller eßbaren Vögel, Fische und Säuger, Kupplerinnen, unantastbare strickwollene Kolosse, welche von Stand zu Stand miteinander, sei es mit einem Blitzen der großen Knöpfe, sei es mit einem Klatschen auf ihre Schürze, sei es mit einem busenschwellenden Seufzen, verkehrten. Brodelte, quoll und schwoll es nicht unterm Saum ihrer Röcke, war nicht dies der wahrhaft fruchtbare Boden? Warf nicht in ihren Schoß ein Marktgott selber die Ware: Beeren, Schaltiere, Pilze, Klumpen von Fleisch und Kohl, unsichtbar beiwohnend ihnen, die sich ihm gaben, während sie träge, gegen Tonnen gelehnt oder die Waage mit schlaffen Ketten zwischen den Knien, schweigend die Reihen der Hausfrauen musterten, die mit Taschen und Netzen beladen mühsam die Brut vor sich durch die glatten, stinkenden Gassen zu steuern suchten.

Virginia Woolf

»Kein Ort erscheint kraftvoller und lebendiger«

Athen

Als der Tag anbrach, gingen wir alle an unsere Fenster & sahen, daß eine große Felsenklippe aus der Dunkelheit emporragte, gelbbraun & mit Schatten behangen; auf der zwei Gruppen von Säulen errichtet waren, eine gelbbraun wie der Fels, die andere weiß & zerbrechlich. Tatsächlich gab es am Rand der Felsen noch mehr Säulen, aber die dunklen Säulen waren, das wußten wir, Krone & König des Ortes, der Parthenon selbst.

Wenn man nahe bei ihnen ist, sieht man, daß der Parthenon bei weitem der größte der Tempel ist; & man sieht auch, daß die Oberfläche der Säulen abgeschlagen & zernarbt ist. Die Verwüstungen sind schrecklich, aber nichtsdestotrotz ist der Parthenon noch strahlend & jung. Seine Säulen ragen hoch auf wie liebliche runde Glieder, die vor Gesundheit strotzen. Als wir ihn zuerst sahen, war allerdings das Licht so grell, daß wir kaum unsere Augen zum Fries erheben konnten: denn all der Marmor, der um die Füße verstreut ist – Tafeln aus Marmor, Säulentrommeln aus Marmor, Splitter aus Marmor, schien von unten Lichtblitze auf uns zu werfen. Mit einem betäubten Gefühl also, als wäre unser Verstand von etwas mit Sprachlosigkeit geschlagen worden, dessen Größe jedes Verständnis übersteigt, kühlten wir uns im Museum ab, das am Fuß des Hügels liegt. Hier befindet sich vielleicht das schönste Objekt, das wir bisher gesehen haben. Der Kopf des Jünglings mit geflochtenem Haar, den die Reiseführer als ein wenig archaisch bezeichnen. Aber der Mund mit seinen weichen, gefühlvollen Linien schien gerade frisch an diesem Morgen gemeißelt worden zu sein. Doch halt ein: denn auch der Stein war unsterblich.

Schöne Statuen haben einen Blick, den man nie oder nur selten auf lebenden Gesichtern findet, wie eine heitere Unwandelbarkeit, hier ist ein Typus, der dauerhaft ist wie die Erde, nein, der alle materiellen Dinge überdauert, denn solche Schönheit ist von einer Wesensart, die unsterblich ist. Und dieser Ausdruck auf einem Gesicht, das ansonsten jung & geschmeidig ist, läßt einen an einer höheren Luft teilhaben. Es ist wie der Kuß der Morgenröte.

*

Wir besuchten die Akropolis auch bei Sonnenuntergang: Und wenn man von ›der Farbe‹ des Parthenon spricht, kommt man einfach den Erfordernissen der Sprache nach; ein Maler, der sich durch seine Kunstfertigkeit ausdrückt, gesteht die gleichen Beschränkungen ein. Der Tempel glüht rot; der ganze westliche Giebel scheint wie zum ersten Mal entflammt im Sonnenuntergang auf der gegenüberliegenden Seite; seine Strahlen leuchten & wärmen, während die anderen Tempel in einem weiß strahlenden Glanz brennen. Kein Ort erscheint kraftvoller & lebendiger als dieses Plateau aus uralten toten Steinen. Die dicken Mädchen, die das Gewicht des Erechtheums auf ihren Köpfen tragen, stehen in lächelnder ruhiger Leichtigkeit, denn ihre Last ist ihren Kräften nur angemessen. Sie sonnen sich darin; ein Fuß etwas vorgestellt, ihre Hände stellt man sich leicht gebogen an ihren Seiten vor. Und der warme blaue Himmel fließt in jede Spalte des Marmors; doch sie befreien sich & springen in die Luft, mit scharfen Kanten, nicht abgestumpft & noch immer kraftvoll & jung.

*

Aber es ist der Parthenon, der einen überwältigt; er ist so groß & so stark & so triumphierend. Man fühlt sich durch & durch erwärmt, als würde man an einer belebenden Feuerstelle vorbeigehen. Aber vielleicht ist das reizendste Bild darin – zumindest kann man es am besten losgelöst betrachten – dasjenige, das man erhält, wenn man dort steht, wo die große Statue [der Pallas Athene] ursprünglich stand. Sie blickte gerade durch den langen Zugang, der von den geschwungenen Linien der Säulen gebildet wurde; & sah ein langes Stück attische Berge & Himmel & Ebene & einen leuchtenden Streifen Meer. Es ist wie eine gemalte Täfelung, die in den Parthenon zugelassen wurde, um seine Schönheit zu vollenden: es ist weich & wird schnell dunkel, auch wenn das Wasser noch glänzt; dann sieht man, daß die weißen Säulen aschfarben sind & die Wärme aus dem Parthenon verebbt.

Eine Glocke läutet unten & wieder einmal ist die Akropolis ganz verlassen. Wir gingen durch die lärmenden Straßen nach Hause.

*

Wenn man sagt, daß die Aussicht von der Akropolis schön ist, macht man es sich leicht; das ganze Land trägt einen Flaum wie ein Pfirsich, mit fedrigen purpurnen Schatten; in weiter Ferne glänzt das Meer wie mattes Silber; oben, am Himmel, erzittern die Wolken vor der Kuppel karmesinrot & golden. Dabei ist der Mond gerade scharf genug, um das Blau mit seiner silbernen Schneide zu durchtrennen; & ein Stern hängt in seiner Nähe. Die Säulen auf der Höhe sind rosenfarben wie die Morgenröte; dann werden sie cremig weiß & dann verblassen sie vollständig. In den engen Straßen, die fast ganz bis nach oben aufsteigen, flackern die Lichter, & man geht durch eine seltsam milde Luft, noch blau vom Tageslicht, auch wenn die Lampen Gelb hinzugießen. Es ist noch recht warm & die Atmosphäre hat eine seltsam fühlbare Textur; die Straßen sind überfüllt, & Leute kommen in Schwärmen hinunter; glücklich & schwatzhaft, in Massen.

*

Die ärmeren Leute von Athen – & alle Leute scheinen arm zu sein – haben die angenehme Gewohnheit, hier oben am Abend, wenn ihre Arbeit getan ist, umherzubummeln; so wie wir durch unsere Parks spazieren. Sie sitzen auf antikem Marmor herum, schwatzen & stricken, aber der Ort wird durch sie nicht entwürdigt wie durch uns Touristen; sie geben ihm eher einen menschlichen & vertrauten Anstrich.

Die Leute von Athen sind natürlich nicht mehr Athener als ich. Sie verstehen das Griechisch des perikleischen Zeitalters nicht – wenn ich es spreche. Auch ihre Gesichtszüge sind nicht klassischer als ihre Sprache: die Türken & die Albanier & die Franzosen haben, so scheint es – einen hinreichend gewöhnlichen Typus geschaffen. Er ist dunkel & düster, von kleiner Statur & nicht gut gewachsen. Es stimmt, daß die Straßen durch die Anwesenheit vieler Bauern in ihrer albanischen Kleidung beehrt werden; die Männer tragen dicke weiße Mäntel, Kilts mit vielen Falten & lange Gamaschen. Aber das kann man in einem Dutzend Reiseführern geschrieben sehen. Ich habe keine einheimischen Frauen gesehen, die man von einer Italienerin hätte unterscheiden können; & tatsächlich sieht man nur wenige Frauen. Die Straßen sind überfüllt mit Männern, die im Freien trinken & rauchen, auf dem Land sogar neben den Mauern schlafen; aber die Frauen bleiben drinnen. Man sieht sie gewöhnlich, wenn sie Kinder betreuen oder aus einem der oberen Fenster sehen, wo sie vermutlich arbeiten. Aber es fällt den Gedanken nicht schwer, zu Briganten zu werden.

*

Die moderne Stadt Athen, könnte ein britischer Reisender knapp zusammenfassen, gleicht den meisten ausländischen Städten, denn die Dächer sind aus gerillten braunen Ziegeln, die Mauern sind weiß & die Fenster haben Läden. Und daraus folgt, daß die moderne Stadt ziemlich zerbrechlich & wertlos ist, gebaut, um in der Sonne zu liegen, zu erstrahlen & zu vertrocknen. Dann gibt es wieder bestimmte große Plätze, wo die Menschen zusammenkommen; es gibt Straßenbahnen & es gibt Regierungsgebäude. Leute schwatzen & schreien eine Menge & rempeln sich auf dem Bürgersteig an. Gegen Mittag tritt eine Beruhigung ein; alles schnarcht; um 4 wachen wir wieder auf & fangen an zu schwatzen. Das lebendigste Bild ist vielleicht das der Straßen am Abend, wenn die Sonne gerade untergegangen ist & die Schiffe in Piräus ihre Kanonen abgeschossen haben.

*

Etwa um 5 Uhr blickten wir zum letzten Mal auf Athen & seine Ebene & die berühmten Berge. Ich hatte guten Grund, Athen lediglich als eine moderne Stadt zu betrachten, mit einer barbarischen Sprache, bevölkert von Lügnern & Betrügern; wie um diesen Eindruck auszulöschen – eine schwankende, wenn auch unbedeutende Geliebte zurückzugewinnen – schien der Ort noch einmal in seinem wunderschönen alten Gewand zu strahlen; die Lichter kamen flirrend über die Hügel, & nur die Akropolis war zu sehen, wie sie hoch hinter der Stadt stand. Kraftvoll & rot & bedeutsam – allein & von der ganzen modernen Welt losgelöst. Dem also & den zarten abrupten Bergen konnte ich Lebwohl sagen, denn sie sind Griechenland, & so habe ich sie gekannt & werde ich sie immer im Gedächtnis behalten.

Mary Montagu

Brief aus Konstantinopel

Istanbul

10. April 1718

In der Tat ist das Vergnügen, in einem Boot nach Chelsea zu fahren, nicht mit dem Rudern auf der Enge der hiesigen See zu vergleichen, wo sich zwanzig Meilen bis zum Bosporus hinunter die schönste Mannigfaltigkeit an Aussichten zeigt. Das asiatische Ufer ist mit Fruchtbäumen, Dörfern und den reizendsten Naturlandschaften bedeckt; auf dem europäischen steht Konstantinopel auf sieben Hügeln, deren ungleiche Höhen die Stadt noch einmal so groß erscheinen lassen, als sie ist – eine der größten Städte der Welt. Eine schöne Mischung von Gärten, Pinien- und Zypressenhainen, Palästen, Moscheen und öffentlichen Gebäuden erheben sich reizvoll und scheinbar symmetrisch eins über das andere, so wie Euer Gnaden es in einem Schrank gesehen haben, der von der Hand des größten Künstlers geziert ist, wo Vasen über Vasen getürmt und mit Blumenkörben, Büchsen, Puppen und Leuchtern vereinigt sind. Dies ist ein seltsamer Vergleich, allein er gibt einen genauen Begriff von der Sache.

Ich habe mich bemüht, vom Serail so viel zu sehen, wie zu sehen ist. Es liegt auf einer Landspitze, die in das Meer läuft, und ist von ungeheurem Umfang, aber sehr unregelmäßig. Die Gärten nehmen einen großen Bezirk ein und sind voll hoher Zypressen, das ist alles, was ich davon weiß. Die Gebäude sind alle aus weißem Stein, mit Blei gedeckt und haben vergoldete Türme, ein prächtiger Anblick, und ich glaube in der Tat, daß keines christlichen Königs Palast halb so groß ist. Er hat sechs in der Runde gebaute Höfe, die steinerne Galerien haben und mit Bäumen bepflanzt sind: einen für die Leibwache, einen für die

Sklaven, einen dritten für die Küchenmeister, den vierten für die Pferdeställe, den fünften für den Diwan und den sechsten für das Audienzgemach. Auf der Seite der Frauengemächer sind wenigstens ebensoviel Höfe für ihre Eunuchen, Aufwärterinnen, Küchen usw.

Das nächste merkwürdige Gebäude ist die Hagia Sophia, die man ohne viel Beschwernisse nicht zu sehen bekommt. Ich war genötigt, dreimal zu dem Kaimakam (dem Gouverneur der Stadt) zu schicken. Er versammelte die vornehmsten Efendis oder die höchsten Gesetzeskundigen und ließ den Mufti fragen, ob es nach dem Gesetze erlaubt wäre. Sie stritten einige Tage über diese wichtige Frage, da ich aber auf meinem Begehren beharrte, wurde mir die Erlaubnis gegeben. Ich konnte nicht erfahren, warum die Türken bei dieser Moschee mehr Bedenken tragen als bei allen anderen, die jeder Christ ohne Anstände betreten darf. Vielleicht bilden sie sich ein, daß man, da sie einmal als Kirche geweiht worden ist, sie unter dem Vorwand der Neugier durch Gebete entheiligen könnte, besonders durch Gebete an die Heiligen, deren Bildnisse noch sehr sichtbar in Mosaikarbeit und durch nichts als die Zeit verdorben, vorhanden sind. Denn es ist einfach falsch, obschon es allgemein behauptet wird, daß die Türken alle Bilder in der Stadt zerstört hätten. Die Kuppel der Hagia Sophia soll hundertdreizehn Fuß im Durchmesser haben, ist auf Bogen gebaut und wird von gewaltigen Pfeilern aus Marmor gestützt. Das Pflaster und die Treppen sind ebenfalls Marmor. Hier sind zwei Reihen Galerien auf Säulen von vielfarbigem Marmor. Die ganze Decke ist Mosaikarbeit, die aber zusehends verwittert und herabfällt. Man überreichte mir eine Handvoll davon, die Stücke scheinen mir aus Glas oder aus jener Materie gemacht, die zur Anfertigung falscher Edelsteine gebraucht wird. Hier zeigt man auch das Grab Kaiser Konstantins, vor welchem die Türken große Ehrfurcht haben.

Dies ist eine törichte und unvollkommene Beschreibung dieser berühmten Kirche, allein ich verstehe so wenig von der Baukunst, daß ich immer befürchte, Unsinn zu sagen, wenn ich mich in Einzelheiten einlassen will. Mir gefallen einige türkische Moscheen besser, doch kann ich Unrecht haben. Die Moschee Sultan Suleimans des Prächtigen ist ein regelmäßiges Viereck mit vier schönen Türmen an den Ecken, in der Mitte ist eine vortreffliche Kuppel, von schönen marmornen Pfeilern gestützt, an den Enden befinden sich zwei kleinere derselben Art. Der Estrich und die Galerien in der ganzen Moschee sind aus Marmor. Unter der großen Kuppel ist ein Brunnen mit so schönen, buntfarbigen Säulen geziert, daß ich sie kaum für echten Marmor halten kann. Auf der einen Seite ist die Kanzel aus weißem Marmor und auf der anderen eine kleine Galerie für den Großherrn, eine schöne Stiege führt hinauf, die ein goldenes Gitter abschließt. Am oberen Ende ist eine Art von Altar, auf dem der Name Gottes geschrieben ist, vor diesem Altar stehen zwei Leuchter von Mannshöhe mit Wachskerzen so dick wie drei Fackeln. Der Estrich ist mit feinen Teppichen bedeckt, und eine Menge Lampen erleuchten die Moschee. Der Hof, der zu ihr hinführt, ist sehr geräumig, hat marmorne Galerien mit grünen Säulen und wird von achtundzwanzig mit Blei belegten Kuppeln bedeckt. In der Mitte des Hofes ist ein schöner Brunnen.

Lassen Sie diese Beschreibung für alle Moscheen in Konstantinopel dienen. Die Anlage ist die gleiche, sie unterscheiden sich nur durch die Größe und die Kostbarkeit der Materialien. Die der Suitana Valida ist die größte von allen, ganz aus Marmor, das größte und, wie ich glaube, das schönste Gebäude, das ich je gesehen habe, zur Ehre unseres Geschlechtes sei dieses gesagt, denn sie ward von der Mutter Mohammeds IV. gegründet. Unter uns gesagt, die Paulskirche würde eine jämmerliche Figur neben dieser Moschee machen, so wie einer unserer viereckigen Plätze neben dem Atlerdan [Atmeidan] oder Pferdeplatz (at bedeutet auf türkisch Pferd). Dies war der Hippodrom unter der Regierung der griechischen Kaiser. In der Mitte steht eine eherne Säule von drei umeinandergeschlungenen Schlangen mit offenem Rachen. Es ist unmöglich zu erfahren, warum ein so seltsames Denkmal aufgerichtet ist. Die Griechen wissen hiervon nichts als Fabeln und Legenden zu erzählen, wenn man sie darnach fragt. Es ist auch kein Zeichen von einer ehemaligen Inschrift vorhanden. An dem oberen Ende dieses Hippodroms steht ein Obelisk aus Porphyr, wahrscheinlich aus Ägypten gebracht, die Hieroglyphen darauf sind alle noch unbeschädigt, ich halte sie für nichts weiter als Spitzfindigkeiten der Alten. Er ruht auf vier kleinen ehernen Sockeln und diese auf einem Piedestal von viereckigen Quadersteinen, auf zwei Seiten voller Figuren in Flachrelief, die eine Seite stellt eine Schlacht, die andere eine Versammlung dar. Die beiden anderen Seiten haben eine Inschrift in griechisch und lateinisch. Die letztere schrieb ich auf meine Schreibtafel:

»Widerstrebend einst den erlauchten Herrn zu gehorchen,
Ist mir befohlen, die Palme zu tragen auch über die ausgelöschten Tyrannen.
Alles weicht Theodosius und seiner langhindauernden Nachkommenschaft.
So bin ich, besiegt und bezwungen, in dreimal zehn Tagen
Unter Proclus als Richter erhoben zu den hohen Lüften.«

Ihr Gemahl wird Ihnen diese Zeilen übersetzen. Bilden Sie sich nicht ein, daß es ein Liebesbrief an ihn ist.

Alle diese Figuren haben ihre Köpfe noch, und ich kann nicht umhin, von neuem die Unverschämtheit der Schriftsteller zu vermerken, die alle gerade das Gegenteil sagen. Allein, ich möchte schwören, daß die meisten von ihnen diesen Obelisk nie gesehen haben, sondern ihre Nachricht von Griechen übernahmen, die mit unglaublicher Standhaftigkeit aller Überzeugung ihrer eigenen Augen widerstehen, wenn sie einmal Lügen zur Schande ihrer Feinde ersonnen haben. Wollte man ihnen glauben, dann gäbe es in Konstantinopel nichts Sehenswürdiges als die Hagia Sophia, obschon viel größere und nach meiner Meinung viel schönere Moscheen dort sind. Die des Sultans Achmed hat das

Besondere, daß ihre Pforten aus Erz sind. In allen diesen Moscheen sind kleine Kapellen, in denen sich die Gräber der Stifter befinden, vor denen Wachskerzen brennen.

Die Basare sind alle vortreffliche Gebäude, voll schöner Gänge, wovon die meisten auf Pfeilern ruhen. Sie werden sehr reinlich gehalten. Jedes Gewerbe hat seinen besonderen Gang, wo die Waren in der gleichen Ordnung wie in der New Exchange in London ausgelegt sind. Der Besisten oder der Juweliergang zeigt so viele Reichtümer, eine solche Menge Diamanten und Edelsteine aller Art, daß sie das Auge blenden. Auch der Gang der Sticker ist sehr glänzend. Die Leute kommen hierher sowohl zur Belustigung als auch der Geschäfte wegen. Die Märkte sind meistens schöne Vierecke und vortrefflich mit Lebensmitteln versehen, vielleicht besser als in irgendeinem anderen Teile der Welt.

Sie werden erwarten, daß ich Ihnen etwas Besonderes von den Sklaven sage, und werden mich für eine halbe Türkin halten, wenn ich nicht mit eben dem Abscheu davon rede, wie andere Christen vor mir. Allein ich kann der Menschlichkeit der Türken gegen diese Geschöpfe meinen Beifall nicht versagen. Man geht nie hart mit ihnen um, und ihre Sklaverei ist meiner Meinung nach nicht schlimmer als Dienstbarkeit in aller Welt. Sie erhalten freilich keinen Lohn, allein man gibt ihnen jährlich Kleider von größerem Wert, als die Besoldung unserer gewöhnlichen Bedienten beträgt. Doch Sie werden mir einwenden, daß die Männer Frauenzimmer in böser Absicht kaufen. Nach meiner Meinung werden sie ebenso öffentlich und ebenso schändlich in allen unseren großen christlichen Städten verkauft.

Zur Beschreibung von Konstantinopel muß ich noch hinzufügen, daß die historische Säule nicht mehr vorhanden ist. Sie fiel nieder, zwei Jahre bevor ich dieses Land betrat. Ich habe keine Spuren des Altertums entdeckt als die Wasserleitungen, die so ausnehmend groß sind, daß ich sie noch älter schätze als das griechische Reich. Die Türken haben zwar einige Steine mit türkischen Inschriften eingebaut, um sich selbst die Ehre eines so großen Werks beizulegen, allein der Betrug ist leicht zu entdecken. Andere öffentliche Gebäude sind die Hans (Herbergen) und die Klöster. Die ersteren sind sehr groß und zahlreich, die anderen in geringer Zahl und gar nicht prächtig. Ich war so neugierig, eines zu besuchen und der Andacht der Derwische zuzusehen, die ebenso phantastisch ist wie irgendeine zu Rom. Diese Kerle haben die Erlaubnis zum Heiraten, müssen sich aber gar seltsam kleiden; sie sind in ein rauhes, weißes Stück Tuch gewikkelt, wobei ihre Arme und Beine nackt bleiben. Ihr Orden hat wenig andere Regeln als ihre phantastischen Gebräuche jeden Dienstag und Freitag, wobei es folgendermaßen zugeht: Sie versammeln sich in einer großen Halle, hier stehen sie alle mit auf den Boden gehefteten Augen und übereinandergeschlagenen Armen, während der Imam oder Prediger von der Kanzel, die in der Mitte steht, etwas aus dem Koran vorliest. Hierauf machen acht oder zehn von ihnen ein melancholisches Konzert mit ihren Pfeifen, die nicht eben unmusikalisch klingen. Dann fängt der Imam wieder an zu lesen und gibt eine kurze Erklärung darüber. Darauf singen und spielen sie, bis ihr Ältester (der allein grün gekleidet ist) aufsteht und eine Art von feierlichem Tanz beginnt. Alle stehen um ihn herum in einer regelmäßigen Figur, und während einige spielen, binden andere ihre Röcke, die sehr weit sind, fest um den Leib und fangen an, sich mit erstaunlicher Schnelligkeit, doch genau nach der Musik, herumzudrehen, geschwinder oder langsamer, je nachdem die Musik spielt. Dies dauert über eine Stunde, ohne daß einer unter ihnen den geringsten Schwindel zeigt, was nicht zu verwundern ist, wenn man bedenkt, daß sie alle von Kindheit an daran gewöhnt sind, weil die meisten schon von Geburt an dieser Lebensart gewidmet werden. Einige kleine Derwische, sechs oder sieben Jahre alt, drehten sich auch unter ihnen herum und schienen durch diese Übung nicht mehr in Verwirrung gebracht als die übrigen. Am Ende der Zeremonie rufen sie aus: »Es ist kein anderer Gott als Gott, und Mohammed ist sein Prophet«, worauf sie ihres Ältesten Hand küssen und sich wegbegeben. Alles geschieht in feierlichstem Ernst. Nichts kann so strenge sein wie das Aussehen dieser Leute, sie heben nie ihre Augen auf und scheinen in Nachdenken vertieft. So lächerlich sich dies auch in der Beschreibung liest, liegt doch etwas Rührendes in dem Ausdruck von Unterwerfung und Abtötung, den sie zeigen. (…)

ALFRED KERR

Jeruschalajim, vergangene Heimat

Jerusalem

I.

Ein Jude, blond, vierzigjährig, schlank, mit zwei Kindern an der Hand, wies mir den Weg. Ohne Bakschisch.

Im Gesicht edleres, ernstes Menschentum. Sie waren hergezogen, um in der Nähe des Tals Josaphat zu sterben – um gleich da zu sein, wenn die Posaune zum jüngsten Gericht ruft.

Eine schöne alte Frau, von der ich dann Auskunft erbitte, fragt am Schluß, wohin ich von Jaffa wolle. Nach Jerusalem.

Sie sagt mit einer wissenden Mencheninnigkeit, wie Juden sie manchmal wunderbar haben: »Nach Jerusalem? Geihn Se zu gesünd!« Ein inniger Akzent auf jeder Silbe.

Sie gibt sorglich noch eine Auskunft und spricht, wie für sich: »Wozü ä krümmer Weg we'mme kann geihn ä gleichen Weg?« Mit gefaßter, friedsam gewordener Weisheit; wie bei so vielen ihres Urvolks. (...)

II.

Jerusalem nachts, unter klarem Sternhimmel. Frische Höhenluft, felsige Stadt. (Bergstadt zwischen zwei Meeren!)

Wundersam feierlich dies Dunkel – – – der galiläische Schmeichler steht vor mir, stärker als ich will. In der Sternennacht. Nicht der edelste von den Juden: bloß der bekannteste. Eine Aufregungsgestalt wegen seines Todes. Heut noch ein Zankapfel ... für Sorglose. Mildester Revolutionär. Die Nacht gebiert ihn wieder. In dieser Stille ist er gewandelt.

(Eben läutet es kirchlich, uäh – alles ist vorbei.)

III.

Ich möchte heut nicht zu Hause sein unter diesen Menschen Asiens – doch bin ich zu Haus unter diesem Himmel.

Ich fühle mich bei meinen großen Vätern voll Hingebung, den Weltahnen. Erschüttert, beglückt in ihrer Nähe.

Ein schönes Klima hat meine vergangene Heimat.

Lind; aber Bergluft.

Nachts (wie eine Legendenerscheinung, doch ist es Wirklichkeit) gehn die Leute mit einem Licht, mit Laternen in der Hand. Alles liegt in Höhenfinsternis.

Bergluft; Sterne; Dunkel; Fels; Tal und Anhöhe.

Seltsamer, unsterblicher, schweigend großer Glanz.

Eine Jüdin wankt im Dunkel durch die Stadt, weint, sucht einen »Söllner« (Soldaten) zur Hilfe; sie ist irrsinnig.

... Still immer die Stadt, dunkle Sternenstadt, mit Zinnen und Tiefen, man erwartet das Wunder. Es hat hier sein können. Die Verzückung liegt nah und die Hoffnung auf das Unerhörte.

Ein schönes Klima hat meine vergangene Heimat.

IV.

Später. Die Hunde heulen, bellen, machen Streifzüge. Alles scheint sich in den Häusern zu halten, man geht fast scheu und rasch, rasch durch die Straßen.

V.

– –

Vor dem Einschlafen denk' ich, nach Europa fliegend:

Der Beitrag an neuer Kraft, den Ihr, Juden, mit Eurer Stärke liefert, wird verwischt; vertuscht; unter andren Firmen verbucht; weggehaßt; weggelogen.

Man nennt Euch, um Euch zu schmähen. Man nennt Euch, um ein dunkles Gegenstück zu haben für die sonnig-wonnigverwaschene Mehrheit, Mehrheit, Mehrheit – das ist es. Beim Anzengruber sagt eine Gestalt etwa: »Gestern ham's mich im Gasthaus verprügelt.« Einer fragt: »Warum?« Antwort: »Weil's mehr woar'n!« Dies wundervolle Wort ist auf die Juden»frage« die ganze Antwort. Weil's mehr sind.

VI.

. . . .

Nach dem Ölberg eines Morgens geritten.

Eine Himmelfahrtskapelle gehört hier den Moslim. Ich sehe weit über das Land – auf die weiße Stadt Jeruschalajim.

Dann geh' ich zu einer russischen Kirchensiedlung. Hätte gern von hier einen Blick hinab. Ein übellaunig-tückischer Pope will mich tiefer nicht hineinlassen. Ich bleib' ihm auf den Fersen; Sprachunkenntnis vorgeschützt; geh' nicht vom Fleck. Wütend über die Entschlossenheit eilt er vor mir her in den Bienengarten, der infame Popen-Kerl, damit man gestochen wird. Ich werde von einer Biene gestochen. Immerhin seh' ich das Tote Meer (und den Bienengarten des Schufts).

Absonderlich der Blick auf dies Blau des Toten Meers in der Tiefe. Jerusalem schwebt über diesem Meer so hoch wie der Brocken.

Ich sehe vom Ölberg den Tempelplatz.

VII.

Im Garten Gethsemane (es soll die alte Stätte wirklich sein) wachsen Ölbäume, uralt, riesendick, zerberstend. Außerhalb des Gartens weiden Ziegen. War es dort, wo Judas Jesum küßte? Hat er ihn geküßt? Hat er gelebt? Ziegen fressen sich dort voll.

... Vorher war ich durch die Via dolorosa gegangen. Tafeln; Inschriften; an einer Stelle: »Jesum apprehendit et flagellavit«. Die Wilden haben hier überall Jahrmarktsdenkmäler in Buntheit hergekaffert. (Die Innigkeit lebt im hohen, adlig-letzten Ernste der Juden an der Klagemauer. Doch wird auch da gebettelt. O Menschen, Menschen.)

VIII.

Die steinige Hochstadt Jerusalem hat nicht Straßen: sondern Gebigssteinwege von Mauern umsäumt.

In Sacklumpen gehn viele daher, nur gegen die Sonne geschützt.

IX.

In Gethsemane war es ein Franziskaner, der mich herumführte. Himmlischer Morgen – im friedvollen Gärtle.

Es war ein Italiener. Ich fragte (nachdem ich einmal am Kodak heimlich geknipst): »Ist es verboten, den Garten Gethsemane zu photographieren?« Er hatte das Knipsen nicht bemerkt und sprach: »Ja. Eigentlich ist es verboten. Die Oberen wollen es nicht. Aber wenn man schon eine so weite Reise gemacht hat, um diesen Ort zu sehn – warum soll man ihn nicht photographieren dürfen? nicht wahr?« Er sah etwas habgierig aus und fügte zu: »Ich ... will es Ihnen erlauben!«

Es war ein Italiener. Das Ferkel.

X.

Ich photographierte den Garten Gethsemane.

XI.

Nach einer Weile (zu dem Franziskaner): »Da oben – ist das die fromme russische Siedelung?« Er sagt rasch: »Ja, aber es gibt nichts, nichts, nichts bei ihnen zu sehn. O gehn Sie nicht erst hin!«

Er war ein Christ.

XII.

. . . .

Ich habe die Klagemauer mit meiner Hand berührt. Mit meiner Stirn berührt.

Quadern, hohe, zeitzerfressen-gewaltige sind es.

Wie Bäuerinnen sehn die hebräischen Frauen davor aus. Absonderlicher Klang erschüttert das Herz: ein Frauenweinen; tiefes Schluchzen. Sie kamen von weit. Erzalte Männer, gütigbärtiger Schlag, Augenbrauen wie eine weiße Bürste. Manche Greise haben das Haupt umhüllt mit Tüchern. Mäntel von rotem Samt. Manche stehn in violettsamtenem Sabbatmantel. Knaben mit rundem schwarzem Judenhut.

Mauer der wehesten, über diesen Stern Erde schwellenden Sehnsucht. Ich habe sie mit meiner Stirn berührt.

XIII.

Sie beten dort:

»Wegen des Palastes, der wüste liegt – sitzen wir einsam und weinen«. Dann: »Wegen der Mauern, die zerrissen sind – sitzen wir einsam und weinen.« Dann: »Wegen der Priester, die gestrauchelt haben – sitzen wir einsam und weinen.«

Zuletzt aber: »Möge Friede und Wonne einkehren in Zion – und der Zweig Jesse aufsprossen zu Jerusalem.«

Aus meinem Herzen klingt es tausend-tausendmal: »Möge Friede und Wonne einkehren in Zion.«

XIV.

Schnorrer sind auch dabei; o Lumpenzeug; der Schlag soll Euch treffen am schönsten Jonteff; Menschen, Menschen! Ich gebe mein Geld weg. Greise prügeln sich, weil der eine was bekommen hat, der andre nicht. Ein Schutzmann trennt sie.

Aber das Frauenweinen, tiefes, fassungsloses Schluchzen bricht hindurch.

Manche sammeln Geld in der Mitte. Einer führt den andren zum Sammeln. »Sennor!« rufen sie, wenn sie betteln; Sephardimjuden. Die Aschkenasim haben runde Pelzmützen, Samt in der Mitte. Das sind die Reste eines Volks.

XV.

Nein: das sind die weicheren Außenseiter eines die Menschheit vorwärtswuchtenden Stammes. (...)

XVI.

Selig bleiben die Abende dieser Bergstadt. Verzaubert sind die Sternennächte Jeruschalajims.

XVII.

- -

Es gibt hier Deutsche, die nach Emmaus fahren (oder reiten – aber zurück reiten sie nicht mehr) und sich sternhagelvollsaufen. Ich kann da nicht rechten; der Wein ist gut.

Ich kaufte heut ein Bethlehemsgewand für meine ferne deutsche Geliebte.

O Land voll himmlischen Weins. Damit ist so vieles gesagt.

Es gibt, nochmals, Deutsche, die nach Emmaus gehn und sich dort besaufen. Meine Verzeihung haben sie.

XVIII.

- -

Abends (nach sechs) auf Zion spazieren gegangen.

Bathseba!

(Es lag mir im Blut, wenn später der Bengel Salomo, den die blonde Hethiterschickse mir gebar, sich tausend Weiber angeschafft hat.)

Bathseba!

Ich wandere von Zion weiter. Sind keine Straßen in Jerusalem; sind Felswege zwischen Mauern.

XIX.

Bei der Anzündung des »heiligen Feuers« in der Grabeskirche. Kawassen mit Peitschen. Gendarmerie mit Peitschen.

Fremde Bauerngesichter. Die Wilden. Ein Flammenmeer. Unerhörtes Schauspiel. Der Pfaffe schließt sich ein, wenn er das Feuer vom Himmel holt. Kafferndicker Schwindel. Die ganze Nacht haben sie mit Sack und Pack in der Kirche gelagert, von Vögten bewacht, damit sie einander nicht zerfleischen, wo der Erlöser schläft. (Und er schläft nicht einmal hier.)

Wenn der priesterliche Gauner die Flamme vom Himmel geholt hat in seinem Klosett: dann rasen Läufer, so ihre Fakkeln daran entzündet, hundeflink durch den Raum. Geheul. Die christlichen Wilden betupfen sich mit den Flammen der Fackel. Weiber, vor dem Kalben, berühren den Bauch damit.

Ja, wie ich nach Jericho zog, füllten sie die Straßen. Zu Jerusalem schliefen sie nachts in der Kirche, warfen dem Pfaffen lebenslänglich Gespartes in die Kralle: dafür eingetragen zu sein in ein Buch, empfohlen der Huld besonderer Kräfte. Das Heilige Land stank nach ihnen. Den Wilden.

XX.

Um dies Heilige Grab (wo er nicht liegt) haben Kreuzfahrer, das ist: fromme Bemänteler der schäbigsten Raubgier, ganze Blutflüsse rinnen lassen. Schlächtereien getätigt – jahrhundertelang. (Die Juden erläuterten mittlerweil und begründeten das Sittengesetz; forderten mit edel-spitzester Gymnastik den Geist; trieben Verkehr mit Gütern immerhin – statt plumpster Menschenschlachtung. Abseitiges Adelsvolk.)

Teile der mit Blut vermolochten Schwindelkirche gehören

den Papstgläubigen, Teile den Griechischkatholischen, Teile den Armeniern. Teile den Kopten. Die Lampen, die Galerien – alles genau als Eigentum verteilt. Manches durch Raub erlangt; manches durch Abkauf. (Durch Abkauf!)

XXI.

. . . .

Der Tempelplatz, arabisch Harem esch Scherîf, ist nicht nur an Jerusalem das Größte. Sondern vermutlich der heiterste, lichtherrlichste, mit Kuppeln zauberisch-feierlichste Platz dieses Erdballs.

Nicht so sehr erhaben. Sondern großmütig und lieblich und sonnenvoll ... und doch erhaben.

Einen Altar hat hier jemand, namens David, einstens errichtet ...; einen Tempel und Palast Herr Salomo – (welcher Schelómoh hieß).

Es ist noch der alte Platz. Des Allerheiligsten. Auch des Holdest-Hellen.

Strahl der Frühlandes!

Gänge führten einst aus dem Tempelraum zum Schloß: Christus ist hier gewandelt. Es reckt sich der Felsendom unsterblichernst in blaue Südluft – mit jenem Fels mitten drin, worauf der »schem« nicht lesbar geschrieben steht: Gottes unaussprechlicher Name.

(Die Juden glauben es schwerlich; aber die guten Moslim.)

Der Stein selbst aber ist noch aus den Tagen des Harfenspieler-Königs; der Opferstein. Das Morgenland hält solche Urstätten zähe fest. Es ist offenbar wirklich der Stein Davids.

Innen arabische Traumfenster, dem Blick ein Eden.

XXII.

Teile von Schelómohs Burg. Säulen. Wölbungen. Hier lagen seine Ställe. Andenken an Leuchter.

O Tempelstatt. O himmlische Omarmoschee. Daneben die kleinere El Aksa.

Doch der Platz ist das Schönste. Mit unterirdischen Brunnen. Mit Brunnen und Becken im Licht. Mit grünen und schwarzen Bäumen dazwischen auf weißem Grund. Über allem Sonne. Blau. Goldluft. Morgenreiche Schönheit. (...)

XXIII.

Bin heute zu den Königsgräbern geritten. Die Frau des moslimischen Wächters kriecht mit mir unten hinein. Eine Frau? Ist recht. Hier schläft ja auch eine Frau; eine Königin, eine syrische. War zum Judentum übergetreten mit dem Sohn. Hatte zu Jerusalem eine Zeitlang ihr Palais. Helena von Adiabene hieß sie – und war, diese Helena, gewiß inniger und inhaltsvoller als die Kuh, welche der Paris entführt hat.

XXIV.

Ein Blinder in Lumpen ging durch die Gassen zuvor und tastete mit dem Stecken seinen Weg.

– –

XXV.

Drunten liegt das Tal Josaphat. Besät, die bescheidenen Höhen und Tiefen, mit Judengräbern. Gegenüber mohammedanische Gräber.

Drunten liegt das Tal Josaphat ... Stätte des Weltgerichts. Die Posaune wird schallen. Jesus wird hier sitzen, auf der andern Seite Mohammed – für die Toten, je nach der Konfession; denn a Ordnung muß sein.

Die Toten stehn auf; müssen über ein Seil gehn. Die Frommen von Engeln beschirmt, die Sünder purzeln in den Weltenabtritt. (Ich würde balancieren; wird schon gehn.)

XXVI.

Moslimgräber; Judengräber; den Hügel hinab.

Jenseits der Glaubens-Enge haben sie was Über-Einigendes gefunden. Katholiken und Protestanten würden das nie.

XXVII.

Ja, Israels Kinder schlafen hier. Mancher hat sich für das wandersatte Herz einen Friedensort erwählt:

Jeruschalajim, Jeruschalajim. (...)

XXVIII.

Als ich zum ersten Mal einstens aus Frankreich heimkam, ging ich, am Abend war es, ans Klavier; spielte Schumann (aus Zwikkau); spielte Beethoven; Akkorde, Pausen, Schweigungen, Stillen, Fragen, Rufe dieses L. van Beethoven – und wußte, daß ich ein Deutscher bin.

Ich hab' auch in Jeruschalajim gewußt: daß ich ein Deutscher bin. Und daß wunderbar das Schicksal mit mir spielt, weil es, nach drei Jahrtausenden, vom Davidsschloß mich hinübertrug in ein Klängereich, ein mittelsommerliches; aus der tiefsten Urglut unsres Sterns zu einem nördlichen Edelvolk mit versponnener Musik; in das unsterblich dahinklingende, jetzo von mir geliebte Deutschland. (...)

Ernst Stadler

Bahnhöfe

Wenn in den Gewölben abendlich die blauen Kugelschalen
Aufdämmern, glänzt ihr Licht in die Nacht hinüber gleich dem Feuer von Signalen.
Wie Lichtoasen ruhen in der stählernen Hut die geschwungenen Hallen
Und warten. Und dann sind sie mit einem Mal von Abenteuer überfallen,
Und alle erzne Kraft ist in ihren riesigen Leib verstaut,
Und der wilde Atem der Maschine, die wie ein Tier auf der Flucht stille steht und um sich schaut,
Und es ist, als ob sich das Schicksal vieler hundert Menschen in ihr erzitterndes Bett ergossen hätte,
Und die Luft ist kriegerisch erfüllt von den Balladen südlicher Meere und grüner Küsten und der großen Städte.
Und dann zieht das Wunder weiter. Und schon ist wieder Stille und Licht wie ein Sternhimmel aufgegangen,
Aber noch lange halten die aufgeschreckten Wände, wie Muscheln Meergetön, die verklingende Musik eines wilden Abenteuers gefangen.

Carl Zuckmayer

Heiße Tage

New York

Die erste Zeit in New York verging in einer Art von Rausch oder Trance. Es waren nur zwei bis drei Wochen, und in diesen war man von der unerschöpflichen Eindrucksfülle dieser Stadt, die eine Welt von kleineren Städten verschiedenartigster und vielfältigster Prägung umschließt – auch von der Gastlichkeit, mit der man zunächst von allen Seiten traktiert wurde –, so überwältigt, daß man kaum zum Nachdenken kam. Selbst die tropischfeuchte Glut einer Hitzewelle, in der Manhattan gerade dampfte und schmolz, hatte durch ihren ungewohnten, exotischen Charakter etwas Stimulierendes: so hatte man ›Hitze‹ noch nicht gekannt, als eine Tag und Nacht andauernde Backofentemperatur, die den harten Asphalt wie Lehm ungepflasterter Straßen aufweichen ließ. Klimaanlagen waren damals in Privatwohnungen noch nicht gebräuchlich, so ließ man immer alle Fenster offenstehen zwecks ›crossventilation‹, trotz jener verdächtigen Feuerleitern, die an den Rückseiten aller Häuser im Zickzack vom Hof bis zum Dach hinaufführen, um unsportlichen Einbrechern das Fassadenklettern zu ersparen, und man sah mit Staunen durch die gleichfalls offenen Fenster der vielen rückwärtigen Wohnungen zur Nachtzeit lauter völlig unbekleidete Menschen, die erschöpft auf Schaukelstühlen hingen, an Schreibtischen hockten oder in der Küche hantierten, als wäre New York eine einzige Kolonie für Nacktkultur. Aber bald schaute man einer allgemeinen Konvention gemäß, auch aus ästhetischer Selbstschonung, nicht mehr hin, und wenn man einmal der sich niemals lindernden Treibhausluft wegen stöhnte, sagte Dorothys ›Maid‹, maternalprophetische Schottländerin namens Emily Carter: »Das spürt man nur im Anfang. Wenn man länger in Amerika lebt, dann verdünnt sich das Blut, und dann merkt man das gar nicht mehr. Wir Europäer«, sagte sie, »wir haben überhaupt viel zu dickes Blut.«

Wir waren in Dorothys großer Wohnung fürstlich untergebracht. Sie selbst war noch im Westen, Sinclair Lewis wohnte damals schon nicht mehr mit ihr zusammen und besuchte sie nur gelegentlich auf dem Land. Sie beschäftigte drei Sekretärinnen, die sich – wenn sie nicht gerade im Büro die Post erledigten oder telefonische Aufträge entgegennahmen – aufs freundlichste um unsere Eingewöhnung kümmerten, sowie ein für amerikanische Verhältnisse ungewöhnlich zahlreiches Hauspersonal. Ihr zehnjähriger Sohn Michael aus der Ehe mit Sinclair Lewis war schon in ihrem Landhaus in Vermont, wir hatten die Wohnung ganz für uns allein, und ihre ›Adresse‹ verschaffte uns überall einen unerwarteten Respekt. Sie galt in dieser Zeit als die ›first Lady‹ des amerikanischen Schrifttums, und es ging, mehr scherzhaft, aber kennzeichnend für ihre Stellung, die Rede, daß sie bei der nächsten Wahl als erster weiblicher Präsident kandidieren werde.

Wir wurden, als Neuankömmlinge, immerfort eingeladen und durch die interessantesten Stadtteile geschleift, zu den Negern in Harlem, ins Chinesenviertel, von den Spaniern und Italienern zu den Künstlerkneipen von Greenwich-Village, kurz ›The Village‹ genannt – es war eine kolossale Völker- und Menschenparade auf ›Manhattan's popular pavements‹, wie's bei Walt Whitman heißt. Die eminenten Gegensätze zwischen den eleganten Straßen wie der Fünften und der Park Avenue mit ihren damals noch nicht umgebauten, opulenten Millionärshäusern aus der amerikanischen ›Gründerzeit‹, und der wüsten und schmutzigen Dritten, durch die noch die lärmige Hochbahn ratterte, zwischen kühn aufgetürmten Wolkenkratzern, denen zum Teil eine monumentale Schönheit eignet, den altmodischen Braunsteinhäusern und den durchwimmelten Quartieren der kleinen Leute – das alles übte eine täglich neue Faszination aus. Mir stieg die Hitze zuerst wie ein euphorisches Fieber durch den Kopf, zehnmal am Tag benutzte ich Dorothys gläsernen Duschraum für ›kalte Schauern‹, und in der Nacht, in der man ohnehin nicht schlafen konnte, zog ich unermüdlich in der Stadt umher, sog die vulgären Laute, den Popcorngeruch am Times-Square, die plötzliche hohle Stille in den Seitenstraßen, das Lichtergetaumel, Kreischen von Autobremsen und ferne Heulen von Schiffssirenen wie ein Elixier der Fremdheit in mich ein, dem eine neue, vitalisierende Frequenz innewohnte. Hier, fühlte ich, darf man nicht müde, nicht alt, nicht krank werden. Also erhalte dich jung, gesund und frisch – solang du kannst.

Aber auch die Gefährlichkeit dieser Stadt, von der man sofort Nachdrückliches erfuhr, weckte kein Angstgefühl, sondern eher eine erregende Neugier. Der treffliche Bürgermeister La Guardia ließ damals jeden Tag eine Warnung übers Radio ergehen: Wer nicht ermordet, geschändet und beraubt werden wolle, möge nach Einbruch der Dunkelheit die Wege durch den Central Park meiden (an dem Dorothys Wohnung lag). Alles war Sensation.

An einem der ersten Abende ging ich mit Ruth Yorck-Landshoff, der Gesellschaft und literarischen Welt des vorhitlerischen Berlin wohlbekannt, durch die übelbeleumdete ›Sixth Avenue‹, eine der Hauptverkehrsadern, und wurde von einem zweifelhaften Subjekt ohne Kragen in unverständlichem Slang, aber mit deutlicher Zeichensprache um eine milde Gabe angesprochen. In europäischer Arglosigkeit zog ich ein europäisches Portemonnaie aus der Tasche, um ihm einen ›Quarter‹, einen Vierteldollar, zuzustecken – sofort versuchte der Kerl mir die kleine Geldbörse (mit dem größten Teil meiner Barschaft) zu entreißen; ich hielt sie fest und stieß ihn vor die Brust, worauf er weglief, vermutlich nur, weil gerade ein ›Cop‹, ein bewaffneter Polizist, um die Ecke schlenderte. Meine Begleiterin, die New York schon kannte, war entsetzt – ohne diesen ›Cop‹, sagte sie, könne ich jetzt sehr leicht ein Messer im Bauch haben. Nie bei einem Fremden stehenbleiben, auch nicht mitten im Verkehr! Nie eine Börse oder Brieftasche ziehen! Nie Geld sehen lassen, und sich nie wehren!

Aber das alles gab uns das Gefühl, in einem wilden Erdteil gelandet zu sein, in dem man sich ganz auf Abenteuer und eine neue Art von Selbsterhaltung, auf das Überraschende, Unerwartete, Ungewohnte einzustellen habe und immer noch an der ›frontier‹, der Grenze zwischen gesetzloser Wildnis und hochgetriebener Zivilisation, lebte – im Grunde stimmte das auch. Ebenso stimmte die amerikanische Redensart, welche besagt, daß die ersten tausend Dollar sehr leicht zu verdienen seien, die nächsten hundert sehr schwer. Meine ersten tausend kamen von dem gescheiten, menschenfreundlichen Ben Hübsch, dem Leiter des ›Viking Press‹-Verlags, als Vorschuß für ein Buch, das nie geschrieben wurde, und das mit den nächsten hundert oder fünfzig oder auch zehn habe ich später auf harte Weise erfahren. Denn dem Jubel des Empfangs, der großen Herzlichkeit der Aufnahme folgte sehr bald die noch größere Kühle und die funktionelle Sachlichkeit des täglichen Lebens: Jetzt bist du da, man hat dir die Hand zum Willkomm gereicht, dich auf die Schulter geschlagen, dich aufgenommen – nun sorge für dich selbst.

Manfred Hausmann

Miß Maiben, Miß Merit, Miß Bee Bee

Chicago

Was ist das denn, zum Satan auch? Sonst hat der junge Mann in seiner Pullmankoje immer wie in Abrahams Schoß geschlafen, und heute, in der letzten Nacht, die er auf einer amerikanischen Eisenbahn verbringen soll, gelingt und gelingt es ihm nicht, hinüberzudämmern. An dem Zug kann es nicht liegen, es ist The Twentieth Century, einer der schönsten, die es in den USA gibt. Der Sleeper rollt so weich dahin, als fahre er durch Wasser. Oder ob die Freude, daß er morgen wieder in New York sein wird, diese fatale Munterkeit hervorruft? Du liebe Zeit, er hat sich doch jedesmal, wenn er sein Haupt in ein Schlafwagenkissen bettete, auf eine besondere Attraktion freuen können, die ihm am anderen Tage bevorstand! Havanna, Miami, Jacksonville, Chattanooga, St. Louis ... Oder hat ihn Chicago so erregt? Chicago, die Heimat der Alkoholschmuggler und Racketers, das Hauptquartier Al Capones, des rücksichtslosesten aller Bandenführer, die Stadt, die, wenn man europäischen Provinzzeitungen glauben darf, hauptsächlich aus Unterwelt besteht?

Nun, erregt hat ihn Chicago schon, aber aus anderen Gründen. Er hat kein einziges Maschinengewehr prasseln gehört, sein Hotel ist nicht in die Luft gesprengt worden, nicht einmal mit einem Dolch haben sie nach ihm gestochen, nichts, die Unterwelt hat ihn vollständig ignoriert, es ist ihm, um die Wahrheit zu sagen, nicht gelungen, obwohl er sich redlich bemüht hat, auch nur der Nasenspitze eines simplen Taschendiebes habhaft zu werden. Womit er indessen nicht behauptet haben will, daß es dergleichen in Chicago nicht gebe. Was er gesehen hat, war die tollste, energischste, unternehmungslustigste, amerikanischste Stadt Amerikas.

Da ist zum Beispiel der Chicago River, dessen Schicksal man geradezu als Symbol für den Geist der Leute von Chicago auffassen kann. Früher ergoß er sich mitsamt dem Dreck, den er, durch die Stadt strömend, in sich aufnahm, in den Michigan-See. Da Chicago aber sein Trinkwasser aus demselben See herauspumpt, war man eines Tages mit der Laufrichtung des Flusses nicht mehr ganz einverstanden und ging daran, sie umzukehren. Heute stellt der River einen Abfluß des Sees dar. Das wäre ja noch schöner, wenn man so einen Fluß nicht einmal beim Kragen packen und kurzerhand umdrehen könnte!

Sssst boom hurray, Chicago! Der junge Mann hält es für ganz gut möglich, daß schließlich die Ozeandampfer auf dem Wasserwege direkt bis nach Chicago fahren werden. Die Stadt hat sich nun einmal in den Kopf gesetzt, daß es so sein soll. Und was diese Stadt will, das erreicht sie auch.

Chicago.

Alle möglichen Bilder wehen durch das Gehirn des jungen Mannes. Ehe er das eine recht erkannt hat, ist das andere schon da. Drei Tage und drei Nächte ist er im Loop, in Packingtown, am See und in den Parks herumgezogen und hat seine Augen aufgesperrt. Vielleicht kommt es daher, daß er nun nicht einschlafen kann. Er hat zuviel in sich hineingeschlungen, er hat noch keine Zeit gehabt, Ordnung zu schaffen, alles wogt und treibt noch durcheinander ... Ein Bild schiebt sich vor das andere ...

Das größte Stadion von Chicago ist Soldiers Field. Es wurde erbaut zur Erinnerung an die Jungens, die in Frankreich geblieben sind.

Die Footballmannschaften von Ohio State University und Fordham University kämpfen gegeneinander. Ohio führt 7:0.

Football ist nicht dasselbe wie Fußball. Man könnte es eher mit Rugby vergleichen. Die Spieler haben ihre Schenkel und Schultern, ihren Bauch und ihren Kopf mit Leder gepanzert. Nach jedem Anstoß gibt es unter dem Gebrüll der Zuschauermassen einen wilden Zusammenprall der beiden Teams. Dann pfeift der Schiedsrichter die Mannschaften auseinander. Die eine, die den Ball hat, setzt sich keuchend im Kreis zu einem Kriegsrat zusammen. Der Captain flüstert ein paar Worte. Fertig. Auf die Plätze, Pfiff. Der Ball fliegt nach hinten, zuckt zur Seite, der Right End hat ihn, drückt ihn gegen seine Hüfte und läuft gebückt los. Aber im nächsten Augenblick wird er unter fünf übereinanderkrachenden Gegnern und drei Freunden begraben.

Es schneit.

Die Zuschauer sind heiser.

An den beiden Längsseiten des Stadions sitzen auf vorgeschobenen Podien hüben die Girls und Boys von Ohio und drüben die von Fordham. Hinter ihnen steigt die schräge Wand der anderen Zuschauer empor. Vor ihnen, an der Grenze des Spielfeldes, toben in bunten Sweatern die Cheer Leaders mit ihren Sprachrohren herum. Sie sind es, die das Anfeuerungsgeschrei mit Worten und Gesten und, wenn es sein muß, auch mit ihrem ganzen Körper dirigieren. (...)

Die Folge davon ist, daß der Kampf immer erbitterter und gefährlicher wird. Jetzt bleibt Fordhams Captain am Boden liegen. Sein Lederhelm ist weggekollert. Die Kameraden bemühen sich um ihn, der Arzt im weißen Kittel galoppiert herbei und macht künstliche Atmung. Dann richten sie den Captain auf. Aber es hilft nichts. Sowie sie ihn loslassen, fällt er wieder um. Noch einmal aufsetzen, sagt der Arzt, so! Dann klatscht er ihm einen Eimer Wasser ins Gesicht, aber der Bursche bleibt immer noch besinnungslos. Noch einen Eimer Wasser! So. Und nun ordentlich den Kopf massiert! Noch einmal Wasser! Allmählich kommt er wieder zu sich. Er kann schon alleine sitzen, wenn auch mit hängendem Kopf. Und wie sie ihn hochziehen, kann er sich sogar schon auf den Beinen halten. Das Fordham-Podium schickt ihm einen freudigen Gruß herüber:

Hooo Rah!
Rah! Rah!
Siano! Siano! Siano!

Der Schiedsrichter pfeift, der Kampf geht weiter. Siano ist der Name des Captains. Er trieft von Wasser. Ein Schneegestöber weht über das Stadion.

Zwei Minuten später überschlägt sich Nummer acht von Ohio, bleibt liegen und steht nicht wieder auf. Abermals galoppiert der Arzt herbei. Diesmal scheint es eine ernstere Sache zu sein. Ohios Musikkapelle fängt an zu spielen. Nur keine bedrückte Stimmung aufkommen lassen! Die Sache ist die, daß Nummer acht sich den Arm ausgekugelt hat. Der Arzt renkt ihn gleich an Ort und Stelle wieder ein. Alles in Ordnung. Aber der Captain von Ohio hält es doch für besser, einen Ersatzmann an die Stelle von Nummer acht treten zu lassen.

Die Musik hört auf, der Schiedsrichter pfeift. Weiter.

Gegen vier Uhr nachmittags am Art Institute. Der Michigan Boulevard ist von diesem bläulichen Dunst verhüllt, den die Kälte aufsteigen läßt, ehe die Dunkelheit hereinbricht. Die Autos fließen geräuschlos dahin, die Menschen auch. Man erkennt keine Einzelheiten mehr. Es dämmert. Nun fangen die Wolkenkratzer an zu leuchten, sie werden oben von dem ermattenden Licht noch getroffen und stehen mit einem Male blaß und leise da wie Traumgebilde. Der Himmel schwebt grauseiden darüber. Und dann gehen innen die Lichter an, aber sie schimmern nicht heller als die Wände, sie machen die Wände gleichsam durchsichtig.

Ein paar Minuten lang sind die Türme aus Glas. Alles hält den Atem an. Eine gläserne Stadt. Dann ist es vorbei.

Aus einer Baugrube quellen undeutliche Dampfwolken herauf, in der Tiefe glühen Kohlenfeuer, ein Kran bewegt sich gespenstisch hin und her.

Die Dunkelheit bricht schnell herein.

Die Wände erlöschen, werden grau, werden schwarz. Lichterreihen, Reklamen, Scheinwerfer. Und nach einer Viertelstunde besteht der Boulevard nur noch aus Finsternis und kreisenden, auf und nieder kletternden, hin und her zuckenden Lampen …

Weiter hinten tauchen grellweiß bestrahlte Turmgipfel auf, ein Leuchtfeuer dreht zuoberst seinen Fächerstrahl langsam durch den Dunst des Abends, eine rote Säule glüht und erlischt, glüht und erlischt, zwei violette Augen sehen unbeweglich auf den See hinaus, die Filigranspitze eines rötlich angestrahlten Kirchturms ragt ein wenig über ein niedriges Haus empor. Was wollen denn die Sterne?

Ein neues Bild. Noch eins. Noch eins.

Burlesque Revue in Randolph Street: ein muffiger Theatersaal. Im Parkett nur Männer, ganz vorn vier Liliputaner in hellgrauen Straßenanzügen, in den Rängen einige Damen. (...)

Jetzt tritt eine Solotänzerin, Miß Maiben, begleitet von den Runway Girls, mit süßem Lächeln auf. Die Musik reißt einen Charleston herunter. Miß Maiben hat sich mit Reifrock und Stöckelschuhen als Rokokofräulein verkleidet. Der Strohhut, den sie auf dem Kopf trägt, ist allerdings Biedermeier, aber das macht nichts, sie legt ihn sowieso gleich wieder ab. Einen Augenblick, bitte! Die Girls sind wie Girls angezogen. Ihre Aufgabe ist es, während Miß Maiben auf der Bühne so tut, als verstehe sie, den Charleston zu tanzen, über den illuminierten Runway, der wie eine Brücke von der rechten Bühnenecke etwa in Kopfhöhe der Zuschauer im Bogen durch das Parkett zur linken Ecke führt, hinzuhüpfen und den Männern, besonders denen, die zu ihren Füßen sitzen, Gelegenheit zu Enthaltsamkeitsübungen zu geben. Dann verschwinden sie in den Kulissen, wohin ihnen Miß Maiben, nachdem es ihr ein paarmal, trotz guten Willens, mißlungen ist, ihre Beine höher als einen Meter zu schwingen, bald nachfolgt. Nicht ohne – und darauf kommt es an – sich im Abgehen ihres Strohhutes zu entledigen.

Beifall.

Sie tänzelt sofort wieder hervor, wackelt mit dem Bauch, schwingt ihre Beine abermals unbedeutend in die Höhe und bindet im Abgehen die große, schwarze Schleife auf, mit der sie ihr linkes Handgelenk geschmückt hat.

Neuer Beifall.

Sie kehrt zurück, verbeugt sich dahin und dorthin und streift, ehe sie wieder hinter ihre Kulisse taucht, das brokatene Jäckchen ab, das über ihrer Schulter hängt.

Starker Beifall.

Bei ihrem Wiedererscheinen stellt, wer sich für sie geängstigt hat, beruhigt fest, daß ihre Brust noch mit einem goldenen Schleier verdeckt ist. Diesmal hakt sie im Abgehen wahrhaftig ihren Reifrock auf und steigt heraus. Immerhin trägt sie darunter noch seidene Spitzenbeinkleider, die bis zu den Fußknöcheln reichen.

Verstärkter Beifall.

Sie kann nicht umhin, sich noch einmal zu zeigen und allen zu danken. Nun sind wohl die Beinkleider an der Reihe. Aber sie macht es so geschickt, daß die Seide erst dann hinabgleitet, wenn sie gerade hinter der Kulisse verschwindet. Wollen die Zuschauer die Künstlerin in ihrem neuen Zustand noch einmal sehen, dann müssen sie eben versuchen, sie durch die Herzlichkeit ihres Klatschens zu abermaligem Auftreten zu bewegen.

Und ob die Zuschauer sie noch einmal sehen wollen! Dröhnender Beifall.

Beglückt tänzelt Miß Maiben wieder auf die Bühne. Es zeigt sich, daß ihre Hüften durch ein goldenes Badehöschen vor etwaigen lüsternen Blicken behütet werden. Auf den Busen legt sie im Augenblick nicht soviel Wert. Mag der Schleier fallen, sie will es nicht ändern. Aber ehe jemand etwas Richtiges hat erspähen können, ist sie auch schon verschwunden.

Hoho, jetzt muß sie unbedingt noch einmal heraus! Die Hände prasseln nur so gegeneinander.

Da kommt sie. Ganz entblößt ist der Busen auch jetzt noch nicht, die Brustwarzen sind bronziert, sie braucht noch nicht schamrot zu werden. Da sie nun einerseits hier oben nichts mehr zum Ablegen hat und andererseits den Leuten, die ihrer Kunst so begeistert huldigen, einen Gefallen tun möchte, verliert sie wenigstens ihr Badehöschen.

Der donnernde Beifall beweist ihr, daß sie das Richtige getroffen hat. Aber sie zögert mit dem Herauskommen. Sie schämt sich natürlich.

Erst wie sich in das Klatschen ein drohendes Trampeln mischt, weicht sie der Gewalt und stellt sich den Blicken ihrer Bewunderer noch einmal dar. Aber sie ist unter dem Badehöschen nicht etwa nackt, o nein! Sie trägt vielmehr, wie man jetzt, scharfe Augen vorausgesetzt, erkennen kann, ein mit blauen Perlen besetztes Dreieck darunter. Es ist zwar klein, aber es ist jedenfalls vorhanden. Und nun müssen die Leute aber wirklich das Klatschen aufgeben. Miß Maiben hat die Spitzenleistung ihrer Kunst vorgeführt. Sie ist am Ende, denn beim Ablegen von weiterer Garderobe würde sie unter Umständen Gefahr laufen, ihr reines Wollen zweideutigen Verdächtigungen ausgesetzt zu sehen. Good night! (…)

Dann hüpft Miß Duval hervor. Und alles wiederholt sich.

Dann Miß Merit.

Dann Miß Keny.

Dann Miß Robinson.

Dann Miß Bee Bee.

Und alles wiederholt sich. Bei Miß Bee Bee allerdings mit der Nuance, daß sie ihre Zugaben und Dankesbezeigungen auf verdunkelter Bühne im Lichtkegel eines Scheinwerfers vollbringt.

Dann Miß Sloane.

Dann Miß Fawell.

Dann Miß Grey …

Nebel über dem Loop. Der Loop ist das Wolkenkratzerzentrum von Chicago, das Geschäftsviertel, die City, der Wirbel, das Rad, das unaufhörlich kreist. Jetzt hat sich eine dunkelbraune Nebelwolke auf das Rad herabgesenkt. Aber es kreist weiter.

Zwölf Uhr mittags. Die Straßenlaternen brennen, die Läden sind hell, die Lichtreklamen tasten sich violett, grün, blau und rot durch die Dämmerung, die Wolkenkratzer verlieren sich mit den Vertikalen ihrer erleuchteten Fenster gespenstisch in dem trüben Rauch.

Die Dunkelheit nimmt immer noch zu. Irgendwo da drüben ahnt man den Michigan-See. Weißliche Fetzen dampfen aus dem dumpfen Nichts herüber und vergehen in der braunen Nacht von Monroe Street und Madison Street. Es wird kälter und kälter. Die Reihen der Autolichter ziehen glanzlos hin. Alle Geräusche sind gedämpft. Die Menschen gehen vornübergebückt aneinander vorbei und erkennen sich nicht. Es rieselt und tropft. Die Stadt versinkt in Melancholie.

Aber das Rad kreist weiter …

Soiree in Hollywood

Los Angeles

»Und was tun Sie hier, Mr. Miller? Sie sind nicht von hier, wenn ich mich nicht täusche?«

»Ja«, erwiderte ich. »Ich bin nur zu Besuch hier.«

»Sie sind geschäftlich hier, was?«

»Nein, kaum. Ich besuche nur Kalifornien.«

»Verstehe. Woher kommen Sie – aus dem Mittelwesten?«

»Nein, aus New York.«

»Aus New York City? Oder aus dem Staat?«

»Aus der Stadt.«

»Und sind Sie schon sehr lange hier?«

»Nein, erst ein paar Stunden.«

»Ein paar Stunden? Du meine Güte ... Nun, das ist interessant. Sehr interessant sogar. Und werden Sie lange bleiben, Mr. Miller?«

»Ich weiß noch nicht. Kommt drauf an.«

»Verstehe. Kommt drauf an, wie es Ihnen hier gefällt, was?«

»Ja, genau.«

»Nun, es ist ein großartiges Stück von der Welt. Das dürfen Sie mir glauben. Geht nichts über Kalifornien, sag ich immer. Natürlich bin ich nicht hier geboren. Aber ich lebe jetzt seit fast dreißig Jahren hier. Wundervolles Klima. Und auch wundervolle Menschen.« »Das nehme ich an«, sagte ich, nur damit er nicht den Faden verlor. Ich war neugierig, wie lange der Idiot mit seinem höllischen Unsinn durchhalten würde.

»Sie sind nicht in Geschäften hier, sagen Sie?«

»Nein, bin ich nicht.«

»Auf Urlaubsreise also?«

»Nein, nicht genau. Ich bin Ornithologe, wissen Sie.«

»Was? Nun, das ist interessant.«

»Sehr sogar«, erwiderte ich mit großer Feierlichkeit.

»Dann bleiben Sie eine Zeitlang bei uns, was?«

»Schwer zu sagen. Vielleicht bleibe ich eine Woche, vielleicht bleibe ich ein Jahr. Kommt drauf an. Kommt drauf an, welche Vogelarten ich finde.«

»Verstehe. Zweifellos eine interessante Arbeit.«

»Sehr!«

»Sind Sie schon einmal in Kalifornien gewesen, Mr. Miller?«

»Ja, vor fünfundzwanzig Jahren.«

»Ach ja, wirklich? Vor fünfundzwanzig Jahren! Und jetzt sind Sie wieder da.«

»Ja, ich bin wieder da.«

»Haben Sie damals dasselbe getan, als Sie hier waren?«

»Sie meinen Ornithologie?«

»Ja, das.«

»Nein, damals habe ich Gräben ausgehoben.«

»Gräben ausgehoben? Sie wollen sagen, Sie haben – *Gräben ausgehoben?*«

»Stimmt, Mr. Harrison. Es handelte sich darum, entweder Gräben ausheben oder verhungern.«

»Na, da bin ich froh, daß Sie nicht mehr Gräben ausheben müssen. Macht nicht viel Spaß – *Gräben ausheben*, was?«

»Nein, besonders wenn der Boden hart ist. Oder der Rücken schwach ist. Oder umgekehrt. Oder sagen wir, Ihre Mutter ist gerade ins Irrenhaus gebracht worden und der Wecker geht zu früh los.«

»Verzeihung! *Was haben Sie gesagt?*«

»Wenn nicht alles wirklich in Ordnung ist, sagte ich. Sie wissen, was ich meine – entzündete Fußballen, Hexenschuß, Skrofulose. Jetzt ist es natürlich anders. Ich habe meine Vögel und andere Haustiere. Am Morgen beobachtete ich gewöhnlich den Sonnenaufgang. Dann sattelte ich die Esel – ich hatte zwei und der andere Bursche hatte drei …«

»Dies war in Kalifornien, Mr. Miller?«

»Ja, vor fünfundzwanzig Jahren. Ich hatte gerade eine Strafe in San Quentin abgesessen …«

»San Quentin?«

»Ja, Selbstmordversuch. Ich war wirklich gaga, aber das macht für den Richter keinen Unterschied. Sehen Sie, als mein Vater das Haus in Brand steckte, stieß mich eines der Pferde mit dem Huf an die Schläfe. Ich bekam immer Ohnmachtsanfälle und dann nach einiger Zeit Mordanwandlungen, und schließlich wurde ich suizidal. Natürlich wußte ich nicht, daß der Revolver geladen war. Dann hab ich aus dem Hinterhalt auf meine Schwester geschossen, nur zum Spaß, und zum Glück habe ich sie verfehlt. Ich versuchte das dem Richter zu erklären, aber er wollte mir nicht zuhören. Seitdem trage ich keinen Revolver mehr bei mir. Wenn ich mich verteidigen muß, benütze ich ein Klappmesser. Am besten ist es natürlich, man benützt sein Knie …«

»Entschuldigen Sie mich, Mr. Miller, ich muß einen Augenblick mit Mrs. Soundso sprechen. Sehr interessant, was Sie da sagen. Tatsächlich sehr interessant. Wir müssen uns noch einmal darüber unterhalten. Entschuldigen Sie mich nur einen Augenblick …« Ich schlüpfte unbemerkt aus dem Haus und machte mich auf den Weg den Hügel hinab. Nach den Highballs, den Rot- und Weißweinen, dem Champagner und Cognac rumorte es in mir wie ein Abwasserkanal. Ich hatte keine Ahnung, wo ich mich befand, in wessen Haus ich gewesen oder wem ich vorgestellt worden war.

[…] Morgen will ich den Sunset Boulevard erkunden. Eurhythmischer Tanz, Gesellschaftstanz, Steptanz, künstlerische Fotografie, gewöhnliche Fotografie, lausige Fotografie, Elektrofibrationsbehandlung, innere Duschbehandlung, ultraviolette Bestrahlung, Unterricht in Vortragskunst, parapsychologische Vorlesungen, religiöse Institute, astrologische Vorführungen, Handlesekunst, Fußmaniküre, Ellbogenmassage, Gesichtsstraffung, Warzenentfernung, Fettreduktionen, Plattfußoperationen, maßgeschneiderte Korsetts, vergrößerte Büsten, entfernte Hühneraugen, gefärbte Haare, passende Brillen, gespritztes

Soda, kurierter Brummschädel, vertriebenes Kopfweh, abgegangene Blähungen, verbesserte Geschäfte, zu mietende Limousinen, die Zukunft klären, den Krieg verständlich machen, Oktan erhöhen und Butan senken, mit dem Auto hineinfahren und Verdauungsstörungen bekommen, die Nieren spülen, den Wagen billig waschen lassen, Wachhalte- und Einschlaftabletten, chinesische Kräuter sind sehr gut für dich, und ohne eine Coca-Cola ist das Leben undenkbar. Aus dem Wagenfenster sieht es aus wie ein Striptease-Girl, das den Veitstanz vollführt – einen faden.

Armin Theophil Wegner

Das Warenhaus

Mit seinen Kuppeln, Toren und eisernen Bogen,
Die Pfeiler zu granitenen Fichten gereiht,
Mit seinen aufgerissenen Augen, die breit
Die Straße mit Licht überschütten, dem gewundenen Lauf
Seiner Treppen, funkelnd von Gold und Glanz überflogen:
Hebt sich das Haus bis weit in den Himmel hinauf.

Die niederen Dächer an seine Seiten geduckt,
Schwindsüchtige Wände, auf die es die plumpe Schulter zuckt,
Zwischen berstende Mauern, über die kalt
Sein Schatten und seine Flamme fällt,
Hat es den Fuß mit Donner-Gewalt
In der Straßen keuchende Lunge gestellt.

Doch unter dem Glanze der steinernen Bäume,
Die sich rauschend bis unter die Dächer verzweigen,
Verstrickt in das Dickicht der endlosen Räume,
Wachsend die Ströme der Menschen steigen.

Durch kreisende Schleusen gezogen
Schluckt seinen Atem das gewaltige Haus,
Menschen auf Menschen-Wogen,
Und speit sie zurück, auf die Straße hinaus.

In den gläsernen Schächten die fliegenden Stühle
Heben sich jäh empor aus dem schwarzen Gewühle,
Steigen und gleiten an zitternder Schnur,
Schwankend im Lichte
Wie die goldnen Gewichte
An einer rastlos laufenden Uhr.

Und über der Diele, die breit und gebogen
Sich dunkel ebnet in Schluchten, von Pfeilern zerrissen,
Zwischen Wänden, die ihre eigene Ferne nicht wissen,
Von kalten Sonnen lieblos belogen –
Erhebt sich strahlend der Wald der Dinge.

Die Dinge, die lichtheller Morgen umtagt,
Die nackt sich brüsten, schillernd und seiden,
Die die Wünsche der Menschen betasten, entkleiden,
Von dem lüsternen Schwarm ihrer Blicke benagt.
Die Dinge, die wie Lebendige glühen,
Wandelnd und in einer Sänfte von Glas,
Die dunkel und ohne Maß
Sich in endloser Straße ziehen.
Durch die die Menschen vorübertreiben, ein Wind.
Gewänder, die wie Erhängte sind,
Kopflose Kleider, die Gebete stammeln,
Die Tische von Ungebornen belebt,
Und Stühle, die sich zu Völkern versammeln,
Und die Betten weiß und von Seide gewebt,
In denen tausend begehrliche Wünsche schlafen,
Doch kein Lebendiger lebt.

Von den ewigen Fernen der Erde trafen
Die Dinge in dieses Hauses dunkel zerwühltem Hafen
Wie Schiffe auf weiter Reise zusammen.
Die über die Flüsse Ägyptens schwammen,
Persische Teppiche, japanische Seide,
Irische Pelze, peruaner Geschmeide,
Die über die weglosen Meere kamen,
Der fremden Lande dunkles Gerät:
Sie alle sind, ein unfruchtbarer Samen,
Über die schwellende Diele des Hauses gesät.
Die Dinge zu Städten gebaut und Gassen,
Um deren Besitz sie morden und stehlen,
Um deren Glück sie einander hassen,

Millionen in Arbeit, in Wahnsinn sich quälen.
Die Dinge, in Glanz und in Leuchten geschlagen,
Die jung sind und zart zu fühlen. Bald,
In die tausend Stuben der Stadt getragen,
Werden sie alt:
Wenn sie im Dunkel und Elend des Alltags verblühen –
Die Dinge,
Vor denen die Seelen der Menschen knieen!

Und stumm in dem verwunschenen Wald
Bewegt sich lautlos die Schar der Priesterinnen,
Die lächelnd den Götzen der Dinge bedienen,
Der sich im Finstern zeugend vermehrt.
Mit hungernden Brüsten und Liebe beschwert,
Bewahren sie opfernd die Schätze im Haus,
Wenn durch der Hände gebleichtes Linnen
Ohn Ende die Wasser der Dinge rinnen,
Und bieten zum Kauf ihre Seele aus …
In den gläsernen Schächten die fliegenden Stühle
Heben sich jäh empor aus dem schwarzen Gewühle,
Steigen und gleiten an zitternder Schnur,
Schwankend im Lichte
Wie die goldnen Gewichte
An einer rastlos laufenden Uhr.

Bis das Licht erlischt und die Schatten schwer
Und dumpf in die hohlen Säle fallen;
Da heben im Dunkel die Dinge, entgeistert und leer,
Ihre toten Äste, in die mit gefalteter Schwinge
Die Schatten sich krallen.
Und mit den Augen, die stets voll kaltem Verlangen
Nach den eilenden Menschen der Straße fangen,
Die sich in jähem Entsetzen verdunkeln,
Und noch im Schlaf ohne Ruh
Starr in das nächtliche Leben der Städte funkeln,
Schließt sich das Haus wie das Herz einer Dirne zu.

Gustave Flaubert

Die große Hure

Kairo

Besuch beim Konsul, Monsieur Delaporte, schöner Mann; ein Neujahrsgesicht. – Man darf nicht auf den Sand in seinem Hof treten. – Der radebrechende Bekir-Bey. – Hübsche Wohnung mit Pflanzen und Nippsachen im Salon. – Madame Mari, weißgewandet mit goldenem Tarbusch; ehemals prächtige Frau, vierschrötiger Arsch. – Lubbert-Bey. – Linant-Bey zeigt uns seine Zeichnungen.

Am Abend unserer Ankunft Feier eines Santons: Männer, aufgestellt in Form eines Parallelogramms, psalmodierten und gestikulierten dabei unter Anleitung eines Mannes in der Mitte; ein anderer an der Ecke sang die Melodie. Idiotengesicht eines Jünglings (mager, wulstige Lippen, fliehender Schädel, vorspringende Nase), der durch den Rhythmus in Taumel geriet. Auch ein Kind sang und bewegte sich dabei wie die Männer.

Mehrere Possenreißer bei einer Hochzeitsfeier; einer spielte die Frau. – Obszöne Späße über eine kranke Frau und ihren Arzt: »Wer ist da? Nein, ich mache nicht auf. Wer? – Es ist … – Nein. – Wer? (etc., immer wieder) wer? eine Hure? Ah so! treten Sie ein. – Was macht der Doktor? – Er ist im Garten. – Mit wem? – Mit seinem Esel, er fickt ihn.«

Gestern, am 1. Dezember, haben wir am Fuße der Zitadelle einem Gaukler mit einem sechs bis sieben Jahre alten Knaben und am Boden zwei barfüßigen kleinen Mädchen in blauen Kitteln und mit spitzen Wollmützen zugeschaut. – Fürze, die die kleinen Mädchen mit ihren Händen erzeugten. – Der kleine Knirps war köstlich, klein, häßlich, kräftig: »Wenn Sie mir fünf Paras geben, bring ich Ihnen meine Mutter zum Ficken. – Ich wünsche Ihnen das Allerbeste, vor allem eine lange Latte!« –

Seine Art, *Allah* zu sagen, als er einen mit Kuchen gefüllten Napf entdeckte. – Ich fand die arabische Sprache bezaubernd. – Über den Platz fuhren zwei oder drei Wagen von Paschas, ohne daß sich das Volk umgedreht hätte. – Eine bunte Schnur kam aus dem Mund des Meisters; doppelte Stöcke, um sich zu schlagen. – In einer Szene über das Taubsein schrie ihm das Kind aus Verzweiflung darüber, sich nicht verständlich machen zu können, in den Hintern.

Nach wenigen Tagen schon tauschen wir – trotz der Gesellschaft des Monsieur Neuville – das *Orient*- gegen das *Nil*-Hôtel ein, das von Bouvaret und Brochier geleitet wird. – Personal: Doktor Ruppel, Mouriez, Delatour, Baron von Gottbert. Der Flur im ersten Stock ist mit Gavarni-Lithographien tapeziert, die aus dem *Charivari* gerissen sind. Wenn die Scheiks vom Sinai herkommen, um mit den Reisenden zu verhandeln, streift ihr Wüstengewand an der Wand alles, was die Zivilisation als Quintessenz Pariser Raffinesse hierhergeschickt hat (Bouvaret ist ehemaliger Provinzschauspieler, er selbst klebt diese Sachen an die Wandverkleidungen); die Loretten, die Studenten aus dem Quartier Latin und die Bourgeois von Daumier verziehen keine Miene, wenn vor ihnen ein Neger die Nachttöpfe ausleert.

Eines Tages treffen wir hinter dem Hôtel d'Orient auf einen Hochzeitszug. Männer mit kleinen Pauken sitzen auf Eseln, prachtvoll gekleidete Kinder auf Pferden; Frauen mit schwarzen Schleiern (von vorn sehen sie aus wie jene Papierringe, durch die die Reiter hindurchspringen, nur daß sie schwarz sind) stoßen den Zagarit hervor; ein über und über mit Goldpiastern bedecktes Kamel; zwei nackte, eingeölte Kämpfer in kurzen Lederhosen, sie kämpfen aber gar nicht, sondern führen nur die Posen zweier mit Holzsäbeln und Schilden kämpfender Männer vor; ein Tänzer, es war Hassan el-Bilbesi, als Frau frisiert und gekleidet, in bestickter Jacke, das Haar zu einem Band geflochten, die Augenbrauen schwarz geschminkt, sehr häßlich, Goldpiaster über den ganzen Rücken; um den Rumpf wie ein Wehrgehänge eine Kette mit großen, viereckigen Goldamuletten; er schlägt die

Klapper; phantastisches Bauch- und Hüftendrehen, er läßt seinen Bauch rollen wie Meereswellen; großartige abschließende Ehrenbezeigung, wobei sich seine Hose weit schwingend aufplusterte.

Kleine Straße hinter dem Hôtel d'Orient. Man bittet uns, in ein geräumiges Zimmer hinaufzusteigen. Der Diwan ist zur Straße hin vorgebaut; zu beiden Seiten des Diwans kleine Fenster, die auf die Straße gehen und die sich nicht schließen lassen; gerade gegenüber dem Diwan ein großes Fenster ohne Rahmen und Scheiben, mit einem Eisengitter, durch das man eine Palme sehen konnte. Auf einem großen Diwan links hockten zwei Frauen; auf einer Art Kamin ein brennendes Dauerlicht und eine Flasche Raki. Die Triestinerin ist heruntergekommen, kleine, blonde Frau mit roter Gesichtsfarbe. Die erste der beiden Frauen: dicke Lippen, plattnasig, ausgelassen, derb, *»un poco matta, signor«*, sagte uns die Triestinerin; die zweite: groß, schwarze Augen, gerade Nase, Ausdruck von Müdigkeit und Wehmut, ist sicherlich die Mätresse irgendeines Europäers in Kairo. Sie versteht ein paar Worte Französisch und weiß, was ein Ehrenkreuz ist. Die Triestinerin hatte höllische Angst vor der Polizei und daß man Lärm bei ihr machen könnte. Abbas-Pascha, der die Männer liebt, schikaniert die Frauen sehr; man darf in diesem öffentlichen Haus weder tanzen noch Musik machen. Sie spielte mit ihren Fingern auf dem Tisch Tarabuka, während die andere, die ihren Gürtel aufgewickelt und in Höhe der Hüften festgeknotet hatte, dazu tanzte; sie hat uns einen Tanz aus Alexandria vorgetanzt, dessen Armbewegungen darin bestehen, die Handrücken abwechselnd an die Stirn zu führen. Anderer Tanz: gerade nach vorn abgestreckte Arme, die Ellenbogen etwas angewinkelt, der Oberkörper unbeweglich, Triller mit dem Becken. Vorherige Waschung dieser Damen. Ein ganzer Wurf kleiner Katzen sprang von meiner Decke herunter. Hadely hat ihre Jacke nicht aufgeknöpft, sie gab mir zu verstehen, daß sie Schmerzen in der Brust hätte.

Impression: sie voran, Rascheln der Kleider, Geräusch der

Goldpiaster an ihrem Haarnetz, helles, gedehntes Geräusch. – Mondschein. – Sie trug einen Leuchter.

Auf dem Mattengeflecht: festes Fleisch, bronzefarbener Arsch, rasiertes Möschen, trocken, wenn auch fett; das Ganze erinnerte an Pestkranke und Aussätzigenlager. Sie hat mir beim Ankleiden geholfen. – Ihre arabischen Wörter, die ich nicht verstand. Es waren Fragen aus drei oder vier Wörtern, auf die sie eine Antwort erwartete; die Augen durchdringen einander, die Intensität des Blickes verdoppelt sich. – Josephs Miene bei all dem mittendrein. – »Liebe machen« mit Hilfe eines Dolmetschers.

Zitadelle. – Wenn man sie nicht vom Rumelienplatz aus betritt, steigt man über Straßen zu ihr auf, die von hohen Mauern gesäumt sind.

Auf der Plattform befindet sich die Mohammed-Ali-Moschee: in der Mitte des Hofes ein hübscher Alabasterbrunnen; in einer Ecke der Moschee (man baut gerade an ihr) das vorläufige Grab des Mohammed-Ali, von einem Holzgerüst umgeben, mit Teppichen abgedeckt, unter einem Kristallüster.

Von der Höhe der Zitadelle hat man den Überblick über ganz Kairo.

Die Pyramiden waren in pralles Sonnenlicht getaucht, man konnte sie nicht sehen; rechts die Ebene mit den Kalifengräbern; gegenüber: Kairo; etwas weiter links die Trümmermassen, die sich vor dem alten Kairo erstrecken; hinter einem, runzelig und traurig, der Mokattam.

Josephsbrunnen. – Mehrere Stufen, schwarzgraues Gemäuer, eine riesige Akazie prangt darüber: ein wahrhaft biblischer Winkel. Man steigt in dieses große, viereckige Loch hinab, das direkt in das Felsgestein gehauen ist; in die rechte Mauerfüllung hat man quadratische Öffnungen gehauen, um Licht hereinzulassen. Das Wasser steigt mit Hilfe eines Wasserrades nach oben. In einer Mauernische befindet sich das Grab Josephs: ein aus dem Felsen herausgehauener Block, darüber eine kleine Kugel; er klingt hohler als der angrenzende Felsen. Zurück steigen wir über jenen Weg in die Stadt hinab, wo die Mamelucken massakriert wurden; Mohammed sah dem Gemetzel von der Höhe des dicken Turms aus zu, wo der Telegraph steht. – Noch vor dem Tor, das auf den Rumelienplatz führt, Begegnung mit einem alten Türken, der jetzt Zuhälter *(pesevenque)* ist; er ist mit Napoleon nach Frankreich gegangen und ist wieder nach Kairo zurückgekehrt. – Auf dem Platz treffen wir wieder den Gaukler von neulich mit den beiden kleinen Mädchen und dem Buben.

A propos Spaßmacher:

Mohammeds Narr nahm sich im Bazar eine Frau und vögelte sie *coram populo* auf dem Ladentisch. Vor einiger Zeit ließ sich ein Kind von einem Affen sodomisieren. Ein Marabut ging splitternackt auf der Straße mit einem Hut auf dem Kopf und einem anderen vor dem Schwanz spazieren; um zu pinkeln, nahm er ihn ab; und die unfruchtbaren Frauen hockten sich unter den Urinstrahl und ließen sich damit übergießen. Ein Heiliger (Idiot) starb vor einiger Zeit an Erschöpfung vom Befriedigen all der Frauen, die ihn aufgesucht hatten.

Dienstag, 4. Dezember, schöner Tag.

Als ich vom Hôtel d'Orient zurückkam und nach dem Arbeiter suchte, der Maximes Photographie-Stativ instand setzt, habe ich das hübsche Portal des Stadthauses betrachtet, in dem das Gesandtschaftspersonal der Toskana wohnt: romanische Arkade mit gebrochenen Rundstäben; viersäulige Schäfte, die wie Stricke geflochten sind; im Hof zwei frei umherlaufende Straußenvögel, die sich mit den Schnäbeln die Läuse vom Rücken kratzen.

Khân el-Khalîli. – Bazar der Goldschmiede; eng, dunkel, lärmend. – Bazar der Parfümhändler. – Zum Essen heimgekehrt, vier Briefe von meiner Mutter.

Ritt zu den Kalifengräbern zwischen der Erdaufschüttung hinter den Toren Kairos und dem Mokattam. – Grau der Erde, der Gräber und der Moscheen; am Horizont, der Wüste von Suez zu, finden sich Erhebungen im Gelände, die wie Zelte aussehen.

Die Moschee von X ... (?). – Im Zentralhof ein von Vögeln belagerter Baum. Wir steigen auf das Minarett; die Steine sind verwittert, zersetzt. Auf den oberen Stufen Überreste von Vögeln, die zum Sterben hierhergekommen sind, so hoch wie möglich, fast in den Lüften. Von hier aus habe ich Kairo unter mir; rechts die Wüste mit den Kamelen, die über sie hingleiten, und ihrem Schatten, der sie eskortiert; gegenüber, jenseits der Weiden und des Nils, die Pyramiden: der Nil ist von weißen Segeln gesprenkelt, die beiden großen Segel, die sich wie ein Halstuch kreuzen, geben dem Schiff das Aussehen einer Schwalbe, die mit zwei riesigen Flügeln dahinfliegt. Der Himmel ist ganz blau, um uns herum kreisen die Sperber; unten, in weiter Ferne, die ganz kleinen Menschen, lautlos kriechen sie dahin. Das flüssige Licht scheint durch die Oberfläche der Dinge zu dringen und sich darin einzurichten.

Maxime feilscht mit einer Frau um eine Korallenkette, Kette mit Kugeln aus feuervergoldetem Silber. Sie stillte ein Kind; schamvoll zog sie sich zurück, um ihre Kette abzunehmen, nichtsdestoweniger zeigte sie ihre zwei »Titten«, wie der alte Ruppel zu sagen pflegt. Der Handel kommt nicht zustande.

Bei Einbruch der Dunkelheit erfüllt graublauviolettes Licht die Atmosphäre.

Rückkehr zur Stadt. – Pfeife und Kaffee in einem Caféhaus. Beginn der Vorbereitungen für die Expedition zu den Pyramiden. – Körperliche und geistige Verfassung gut; guter Dinge und guter Verdauung. Na was denn, es geht doch alles ganz gut!
Dienstag, 4. Dezember, halb zwölf abends.

Wo sind wir hier?

Tunis

Um von Tunis einen Gesamteindruck zu gewinnen, muß man einen benachbarten Hügel ersteigen. Die Araber vergleichen Tunis mit einem ausgebreiteten Burnus. Und dieser Vergleich ist treffend. Die Stadt dehnt sich über die Ebene, da und dort leicht aufgebauscht durch wellenförmige Bodenerhebungen, so daß dieser große, weiße Klecks von kalkigen Häusern, aus dem die Kuppeln der Moscheen und die Glockentürme der Minarette herausragen, sich auch am Rande stellenweise noch aufbläht. Kaum kann man erkennen, ja kaum sich vorstellen, daß das Häuser sein sollen, so kompakt zusammenhängend scheint dieser weiße Klecks über das Gelände hinzukriechen. Um ihn herum liegen drei Seen, die unter der harten orientalischen Sonne glitzern wie Platten aus blankem Stahl. Im Norden, ganz weit weg, die Sebka-er-Buan, im Westen über der Stadt klar erkennbar, die Sebka-Seldschum; im Süden der große Bahira- oder Tunis-See und schließlich, wieder weiter nach Norden hinauf, das Meer, der tief eingebuchtete Golf, in der Umrahmung ferner Gebirgszüge selbst einem See ähnlich.

Und dann rings um die flache Stadt überall Sümpfe von Kot, wo Abfall und Schmutz sich zersetzen, ein unvorstellbarer Gürtel faulender Kloaken, nackte, tiefliegende Gründe, wo man schlangengleiche, vielfach gewundene Wasserläufe glänzen sieht. Es sind die Abwässer von Tunis, die sich da unter dem blauen Himmel in die Ebene ergießen. Ohne Unterlaß, die Luft verpestend, schleppen sie ihre träge, ekle Flut durch die fäulnisgetränkte Erde auf den See zu, den sie schließlich in seiner ganzen Weite zum Überlaufen angefüllt haben; denn das Lot sinkt bis auf achtzehn Meter Tiefe in den Kot hinein, und es muß ein Kanal durch diesen Schlamm unterhalten werden, damit die kleinen Boote durchfahren können.

Aber an einem hellen Sonnentag ist der Anblick dieser zwischen Seen eingebetteten Stadt in dem weiten, von fernen Gebirgen umrahmten Land so fesselnd und eindrucksvoll wie kaum einer am ganzen Rande des afrikanischen Kontinents. Steigen wir von unserem Hügel hinab und gehen wir in die Stadt hinein. Sie hat drei wohlunterscheidbare Teile: das französische, das arabische und das jüdische Viertel.

Eigentlich ist Tunis weder eine französische noch eine arabische, sondern eine jüdische Stadt. Es ist einer der wenigen Orte auf der Erde, wo Juden wie in einem Vaterland daheim zu sein scheinen, wo sie fast demonstrativ die Herren sind und eine ruhige Selbstsicherheit zur Schau tragen, auch wenn sie innerlich vielleicht noch etwas zittern.

Es lohnt sich, sie zu beobachten in diesem Labyrinth von engen Gäßchen, wo die farbigste, buntscheckigste, aufgedonnertste, schillerndste und dekorativste Bevölkerung dieses ganzen orientalischen Küstenstrichs wimmelnd und wuchernd sich tummelt.

Wo sind wir hier? Auf arabischem Boden oder in der blendenden Metropole Harlekins, eines sehr künstlerischen Harlekins, der als Freund der Maler und unnachahmlicher Meister der Farbe dieses Volk zu seinem Spaß mit verwirrender Phantasie kostümiert hat. Er muß in London, Paris und St. Petersburg gewesen sein, dieser göttliche Gewandmeister, um dann voll Verachtung aus den nördlichen Ländern heimzukehren und seine Truppe mit unfehlbarem Geschmack und unerschöpflichem Erfindungsgeist auszustaffieren. Er wollte ihren Gewändern nicht nur die graziösesten, originellsten und lustigsten Formen geben, sondern bediente sich auch, um sie so abwechslungsreich wie möglich zu gestalten, aller Farbnuancen, welche die feinsinnigsten Aquarellisten erträumt und geschaffen haben.

Einzig den Juden gestattet er die grellen Töne, doch verwehrt er ihnen zugleich allzu krasse Zusammenstellungen und regelt die Farbenpracht ihrer Gewänder mit bedachtsamer Kühnheit. Was aber seine Lieblinge, die Mauren, anbelangt, diese stillen, in den Suks zusammengekauerten Kaufleute oder junge, wendige Burschen oder auch behäbige Bürgersleute, die langsamen Schrittes durch die engen Gassen stolzieren, macht er sich ein besonderes Vergnügen daraus, sie mit so viel Farbenreichtum zu kleiden, daß sich das Auge an ihrem Anblick schier berauscht wie die Drossel an den Trauben. Oh – für sie, für seine braven Orientalen, seine aus Türken und Arabern bastardisierten Levantiner hat er eine Kollektion so feiner, ruhiger, zart hinschwindender und harmonischer Nuancen bereit, daß ein Spaziergang in ihrer Mitte wie eine lange Liebkosung für das Auge ist.

Da sind die wie Lichtwellen wogenden Burnusse aus Kaschmir, mit Stolz getragene Elendsfetzen neben seidenen Gebbas, langen, bis zu den Knien reichenden Tuniken, und weichen, enganliegenden Westen unter Jacken, deren Borten mit kleinen Knöpfen übersät sind.

Und diese Gebbas, diese Jacken, Westen und Haïks mischen und schichten die feinsten Färbungen durch- und übereinander. Das alles ist rosa, azurblau, malvenfarbig, wassergrün, herbstlaub- und lachsfarben, orange, blaßlila oder schiefergrau.

Es ist wie ein Märchen-Festzug, abgestuft von verlöschenden Tönen bis zu glühendsten Farbakzenten, die aber in einem Strom diskreter Untertöne fast untergehen, so daß nichts hart, schreiend oder gewalttätig wirkt in diesen Straßen, die sich wie Lichtschächte endlos hinter den niederen, kalkgetünchten Häusern hindurchwinden.

Alle Augenblicke werden die engen Passagen fast verstopft durch eine überaus fettleibige Dame, deren Flanken und Schultern die Mauern zu beiden Seiten bei jeder Schaukelbewegung ihres Ganges zu berühren scheinen. Auf ihrem Kopf ragt eine spitz zulaufende Haube, die häufig versilbert oder vergoldet ist und immer wie der Spitzhut eines Zauberers aussieht, hinten mit einer weit herabfallenden Schärpe verziert. Auf ihren monströsen Leibern, ballonartig aufgetriebenen, schlingernden Fleischmassen, flattern Blusen in lebhaften Farben. Ihre Schenkel sind in weiße, enganliegende Hosen gepreßt. Über die in Fett gepackten Waden und Knöchel spannen sich die Strümpfe oder, wenn die Damen in großer Toilette sind, eine Art Gamaschen aus Gold- oder Silberbrokat. Sie gehen mit kleinen, gewichtigen Schritten auf schlappenden Pantoffeln, die nur den halben Fuß bedecken, während die hintere Hälfte der Sohle auf das Pflaster schlägt oder darüber hinschlurft. Diese sonderbaren Geschöpfe sind Jüdinnen, die schönen Jüdinnen!

Sobald die Mädchen Israels ins heiratsfähige Alter kommen und die reichen Männer sich für sie zu interessieren beginnen, träumen sie nur noch vom Fettwerden; denn je gewichtiger eine Frau ist, desto mehr kann ein Mann mit ihr Staat machen und desto größer sind ihre Chancen, sich einen nach ihrem Geschmack auszuwählen. Mit vierzehn, fünfzehn Jahren sind sie schlanke, leichtfüßige Backfische und wahre Wunder an Schönheit, Feingliedrigkeit und Grazie.

Ihr blasser, ein wenig morbider Teint von durchsichtiger Zartheit, ihre feinen Züge, diese sanften Züge einer alten, müden Rasse, deren Blut niemals eine Auffrischung erfahren hat, die dunklen Augen unter den hellen Stirnen, die unter der schwarzen, dichten, wuchtenden Masse der krausen Haare förmlich erdrückt werden, und ihr weicher, geschmeidiger Gang, wenn sie von Tür zu Tür huschen: wie eine ständige Vision kleiner, berückender Salomes belebt das alles das Judenviertel von Tunis.

Und dann fangen sie an, von einem Gatten zu träumen. Nun beginnt die unfaßbare Mast- und Freßkur, die eine jede in ein Monstrum verwandelt. Von jetzt an bewegen sie sich nicht mehr, nehmen nur jeden Morgen eine den Magen überreizende Kräuterpille und verbringen den Tag mit dem Verzehren von schweren Kuchen, die in unglaublicher Weise dick machen. Die Brüste schwellen an, die Bäuche wölben sich vor, die Hinterteile runden sich, die Schenkel spreizen sich, von den wachsenden Fettpolstern auseinandergedrängt, die Hand- und Fußgelenke verschwinden unter schweren Fleischpaketen. Und die Kenner eilen herbei, prüfend, vergleichend, bewundernd wie auf einem Mastviehmarkt. Seht nur, wie schön, wie begehrenswert, wie reizend sie sind, die heiratsfähigen Riesenfräuleins!

Dann sieht man sie vorübergehen, diese erstaunlichen Wesen. Sie haben eine spitzkegelförmige Kopfbedeckung, die Kufia, auf, von welcher der sogenannte Bechkir über den Rücken herabhängt. Ihre Kleidung besteht aus der losen Camiza von einfachem Tuch oder auch glänzender Seide, Beinkleidern, die einfach weiß gehalten oder auch reich verziert sind, und Pantoffeln, die »Saba« genannt werden. Diese Geschöpfe, deren Gesichter über den Hippopotamusleibern oft überraschend hübsch bleiben, sind über die Maßen verblüffend.

In ihren zwanglos offenstehenden Häusern findet man sie am geheiligten Sabbath, dem Besuchs- und Paradetag, wie sie ihre Freundinnen in weißen Zimmern empfangen, dicht beieinandersitzend wie Götzenbilder, mit Seide und glitzerndem Flitterwerk bedeckt, Göttinnen aus Fleisch und Messing, mit goldenen Gamaschen an den Beinen und einem goldenen Horn auf dem Kopf.

Das Glück von Tunis liegt in ihren Händen oder besser: in den Händen ihrer ewig lächelnden, entgegenkommenden und diensteifrigen Auserwählten. In wenigen Jahren werden sie sicherlich europäische Damen geworden sein, die sich nach französischer Mode kleiden und um dieser Mode willen hungern, damit sie abmagern. Das wird für sie gut, für uns, die Betrachter, bedauerlich sein.

In der Araberstadt ist der interessanteste Teil das Viertel der Suks. Das sind lange Straßen mit glatten oder gewölbten Plankendächern, durch deren Ritzen die Sonne feurige Klingen sticht, die Passanten, Spaziergänger und Straßenhändler zu zerschneiden scheinen. Basare sind hier in kreuz und quer gewundenen Galerien aufgebaut, und Verkäufer sitzen oder kauern bei ihren Waren in kleinen gedeckten Ständen, rufen laut nach Kundschaft oder verharren ganz still und unbeweglich in ihren mit Teppichen, bunten Stoffen, Lederzeug, Zügeln, Sätteln und goldverziertem Zaumzeug behangenen Nischen oder zwischen den an Schnüren aufgereihten gelben und roten Pantoffeln.

Jede Warengattung hat ihre eigene Straße, und man sieht auf den einzelnen, nur durch einfache Zwischenwände getrennten Galerien die Vertreter des gleichen Handwerks bei ihrer Arbeit immer die gleichen Bewegungen ausführen. Der Trubel, der Farbenreichtum, die Fröhlichkeit dieser orientalischen Märkte sind kaum zu beschreiben, denn man müßte das Entzücken der Augen, den Lärm und die Bewegung des Ganzen gleichzeitig wiedergeben können.

Einer dieser Suks ist so grotesk, daß die Erinnerung an ihn hartnäckig haftet wie die an manche Träume. Es ist der Suk der Wohlgerüche.

In ganz gleichen, engen Hütten, so eng, daß sie an die Zellen von Bienenwaben erinnern, sitzen – buddhagleich – auf beiden Seiten längs der ganzen, etwas düsteren Galerie Männer mit durchsichtiger Gesichtsfarbe, jung fast alle und hell gekleidet. Durch ihre starre Ruhe und den Rahmen aus langen, von der Decke herabhängenden Wachskerzen, die um ihre Köpfe und Schultern ein geheimnisvolles, regelmäßiges Muster bilden, ziehen sie die Aufmerksamkeit auf sich.

Die kürzeren Kerzen schweben ringförmig über dem Turban, die längeren reichen bis zu den Schultern, die ganz großen hängen neben den Armen herab. Und dabei wechselt die symmetrische Form dieses eigenartigen Aufputzes von Stand zu Stand ein wenig ab. Die blassen, regungs- und lautlos dasitzenden Verkäufer sehen selbst aus wie Wachsfiguren in wächsernen Kapellen. Rings um ihre Knie und Füße sind – in Reichweite für den Fall, daß ein Käufer kommt – alle erdenklichen Wohlgerüche in winzigen Schachteln, Phiolen und Säckchen verschlossen.

Ein Geruch von Aromen und Räucherdüften flutet, die Sinne ein wenig benebelnd, durch den Suk hin und her.

Manche dieser Extrakte werden sehr teuer, tropfenweise verkauft. Zum Zählen der Tropfen bedient sich der Verkäufer eines Stückchens Wolle, das er aus seinem Ohr hervorholt und dann wieder dahin zurückpraktiziert.

Wenn es Abend wird, verschließen schwere Türen am Eingang der Galerien das ganze Viertel der Suks, als sollte eine kostbare Stadt inmitten einer anderen verschlossen werden.

Spaziert man hingegen in einer der neuen Straßen, die irgendwo an einem Abwässerlauf im Morast endet, so hört man plötzlich einen bizarren, rhythmisch gegliederten Singsang von dumpfen, an fernen Kanonendonner gemahnenden Geräuschen, die zeitweilig verstummen, dann aber wieder hörbar werden. Man blickt um sich und entdeckt in Bodenhöhe zehn mit Seidentüchern, Turbans oder Fetzen umwickelte Negerköpfe. Sie singen einen arabischen Refrain, während die mit kegelförmigen Hölzern bewaffneten Hände im Takt die Kieselsteine am Boden eines Grabens zu Mörtel stampfen, wo im öligen Grund des Morastes die festen Grundmauern eines neu entstehenden Hauses wachsen sollen.

Am Rande des Grabens steht ein alter Neger, der Kolonnenführer dieser Steinklopfer, schlägt den Takt und grinst dabei wie ein Affe. Auch die anderen lachen, während sie ihren bizarren Gesang fortsetzen, den sie mit energischen Schlägen skandieren. Sie klopfen mit Feuereifer und lachen die Vorübergehenden gutgelaunt an. Und auch diese zeigen sich amüsiert – die Araber, weil sie die Worte verstehen, die übrigen, weil der Anblick komisch ist; aber niemand freut sich so wie die Neger selbst, wenn der Alte schreit:

»Los! Schlagt zu!«

Und alle fahren fort, fletschen die Zähne und machen drei Schläge mit dem Stampfer:

»Auf den Kopf des fremden Hundes!«

Der Neger schreit mit einer weitausholenden Bewegung:

»Los! Schlagt zu!«

Und wieder alle:

»Auf den Kopf des fremden Hundes!«

Und auf diese Art entsteht die Europäerstadt im neuen Viertel von Tunis!

Dieses neue Viertel! Wenn man sich vergegenwärtigt, daß es fast ganz auf allmählich festgewordenem Morast gebaut ist, auf einem unaussprechlichen »Fundament«, das sich aus dem ekelhaftesten Zeug zusammensetzt, was eine Stadt ausstößt, da fragt man sich, wie es möglich ist, daß die Bevölkerung nicht durch alle erdenklichen Krankheiten, alle Arten von Fieber und Epidemien dezimiert wird. Und wenn man den See betrachtet, den die gleichen Ausflüsse der Stadt überschwemmen, wenn man diesen ekelhaften Dreckbehälter sieht, dessen Ausdünstungen derart sind, daß es einem in heißen Nächten den Magen umdreht vor Grausen, begreift man nicht einmal, daß die Altstadt, die um diese Kloake kauert, weiterexistieren kann.

Man denkt an Fieberbilder aus manchen Städten in Sizilien, Korsika und Italien, an monströs entstellte Menschen mit aufgetriebenen Bäuchen und zitternden Gliedern, vergiftet durch klare Bäche und hellglänzende Teiche – und man fühlt sich bestärkt in der Überzeugung, Tunis müsse die Heimstatt pestilenzartiger Infekte sein.

Und doch, dem ist nicht so! Tunis ist eine gesunde Stadt, eine sehr gesunde Stadt sogar! Die verpestete Luft, die man hier atmet, ist zugleich belebend und beruhigend, die lindeste Luft für überreizte Nerven, die ich je geatmet habe. Nach dem Departement der »Landes«, dem gesündesten Teil Frankreichs, ist Tunis derjenige Ort, wo alle Krankheiten, die bei uns an der Tagesordnung sind, am allerwenigsten vorkommen.

In meiner Verwunderung darüber suchte ich nach einer Möglichkeit, ein Krankenhaus zu besuchen, und der maurische Arzt, der das bedeutendste in Tunis leitet, gewährte mir gerne Zutritt.

Nun, kaum hatte sich die große Pforte aufgetan, welche den Weg in den geräumigen arabischen Hof freigibt, den eine säulenreiche, zum Schutz einer Terrasse errichtete Galerie beherrscht, als ich von einer derartigen Überraschung und Erregung gepackt wurde, daß ich kaum noch daran dachte, was mich eigentlich zu dem Besuch veranlaßt hatte.

Rings um das ganze Viereck des Hofes waren enge, wie Käfige vergitterte Zellen, und darin eingeschlossen Menschen, die sich bei unserem Anblick erhoben und ihre ausgemergelten, bleichen Gesichter zwischen die Gitterstäbe preßten. Einer von ihnen streckte seine Hand gestikulierend aus dem Käfig und schrie uns Schmähungen entgegen. Dann begannen die anderen plötzlich zu hüpfen wie gefangene Tiere in einer Menagerie und erhoben ihrerseits ein zorniges Geschrei, während ein Araber mit großem Bart, einen dicken Turban auf dem Kopf und den Hals mit enganliegenden Kupferketten geschmückt, einen mit Reifen bedeckten Arm und die mit Ringen überladene Hand von der Balustrade der oberen Galerie lässig herabhängen ließ. Er lächelte, als er dieses Lärmen hörte: ein harmloser Narr, still und zufrieden; er hält sich für den König der Könige, der über die unten eingesperrten bösen Narren in Frieden herrscht.

Ich äußerte den Wunsch, sie mir einzeln näher anzusehen, diese schreckenerregenden, in ihren orientalischen Gewändern so wunderlich wirkenden Irren – absonderlicher, aber vielleicht wegen ihrer Fremdartigkeit weniger erschütternd als unsere eigenen armen Narren in Europa.

In die Zelle des ersten durfte ich hineingehen. Wie die meisten seiner Gefährten hat auch ihn das Haschisch oder besser: das Kif so weit gebracht. Er ist ganz jung, sehr bleich, sehr mager und redet mich an, während er mich mit seinen starren, trüben, riesengroßen Augen fixiert. Was sagt er nur? Er bittet mich um eine Pfeife, denn er möchte rauchen, und erzählt, daß sein Vater auf ihn wartet.

Von Zeit zu Zeit richtet er sich auf und läßt unter der Gebba und dem Burnus die langen dürren Beine einer menschlichen Spinne sehen. Und sein Wärter, ein riesenhafter, glänzender Neger mit weißleuchtenden Augen, wirft ihn jedesmal mit einem einzigen Druck auf die Schulter, unter dem der fiebernde Schwächling zu zerbrechen droht, wieder auf die Matte zurück.

Sein Nachbar gebärdet sich wie ein gelbes, fletschendes Ungeheuer, wie ein von Ribera gemalter Spanier, zusammengekauert und in die Gitterstäbe verkrallt. Er bettelt gleichfalls um Tabak oder Kif, und das mit einem ständigen, fast drohenden Lachen.

Im Nebenkäfig sind sie zu zweit: noch ein Hanfraucher, ein großer Araber mit kräftigen Gliedern, der uns mit frenetischem Gestikulieren empfängt, während sein Nachbar, der reglos auf den Fersen kauert, die glasigen Wildkatzenaugen starr auf uns richtet. Er ist ausnehmend schön, dieser Mann, mit dem gestutzten, gepflegten schwarzen Bart, der die Gesichtshaut besonders durchsichtig und zart erscheinen läßt. Die Nase ist fein, das Gesicht lang und schmal, von vollendeter Vornehmheit. Es ist ein Mozabite, der den Verstand verloren hat, als er seinen zwei Tage lang gesuchten kleinen Sohn tot wiederfand.

Dann ist da noch ein Alter, der uns lachend und wie ein Bär tanzend zuruft: »Verrückt, verrückt, wir sind alle verrückt – ich, du, der Arzt, der Wärter, der Bei – alle, alle verrückt!«

Arabisch schreit er das, aber man muß ihn verstehen, so schrecklich ist sein Gesichtsausdruck und sein Gehaben, so unerbittlich der Nachdruck seines auf uns zielenden Fingers. Er zeigt nacheinander auf jeden von uns und lacht dazu; denn er, der Verrückte, ist überzeugt, daß wir verrückt sind, und er wiederholt:

»Ja, ja – du, du, du – du bist verrückt!«

Und man meint, in die eigene Seele dringe ein Anhauch von geistiger Umnachtung, eine ansteckende, schreckliche Ausstrahlung, die von diesem bösartigen Irren ausgeht.

Und man wendet sich ab und hebt die Augen zu dem großen blauen Himmelsviereck, das sich über diesem Narrenloch von Verdammten spannt. Da fällt der Blick wieder auf den immerzu lächelnden, sanften und königlich schönen Gebieter über all diese Narren, den Araber mit dem langen Bart, der, an die Balustrade der Galerie gelehnt, dasteht und den tausendfältigen Tand aus Kupfer, Messing und Bronze, all die Schlüssel, Ringe und

Spangen, mit denen er voll Stolz seine vermeintliche Königswürde herausputzt, im Sonnenlicht glitzern läßt.

Seit fünfzehn Jahren wandelt er hier, dieser Weise, ziellos tagaus, tagein, mit langsamen Schritten und majestätisch ruhigem Gehaben. Er wirkt so hoheitsvoll, daß man ihn mit Achtung grüßt. Und mit der Stimme eines Souveräns antwortet er etwa so: »Seid mir willkommen, ich bin glücklich, euch hier zu sehen.« Dann wendet er den Blick von uns ab.

Seit fünfzehn Jahren hat sich dieser Mann nicht zur Ruhe gelegt. Sitzend schläft er auf einer Stufe der steinernen Spiraltreppe. Man hat ihn nie sich ausstrecken gesehen.

Was kümmern mich jetzt noch die anderen Kranken hier, die noch dazu so wenig zahlreich sind, daß man sie leicht zählen kann in den großen weißen Sälen, durch deren Fenster man die leuchtend helle Stadt hingebreitet sieht, mit ihren wie Blasen auf kochendem Wasser hochquellenden Kuppeln der Moscheen und Kubbas.

Ich gehe fort im schwindligen Gefühl einer verwirrenden Erregung, voller Mitleid, aber vielleicht auch voller Neid in Gedanken an einige dieser Wahnbesessenen, die in ihrem Gefängnis, von dem sie gar nichts wissen, den Traum weiterträumen, den ihnen irgendwann einmal der Rauch einer kleinen, mit ein paar gelben Blättern gestopften Pfeife geschenkt hat.

Am Abend desselben Tages erbot sich ein französischer Beamter, mir kraft seiner Sondervollmacht in einige »anrüchige« arabische Vergnügungsetablissements Zutritt zu verschaffen, was für Fremde äußerst schwierig ist.

Wir mußten uns auch die Begleitung eines einheimischen Polizeibeamten gefallen lassen, da wir ohne einen solchen überall, selbst vor den zweifelhaftesten Eingeborenenspelunken, verschlossene Türen gefunden hätten.

Das Araberviertel von Algier hat ein äußerst reges Nachtleben. Tunis dagegen ist, sobald der Abend hereinbricht, eine tote Stadt. Die engen, unregelmäßig gewundenen Gäßchen sind verödet wie ein verlassener Stadtteil, wo da und dort noch eine vergessene Gaslaterne brennt.

Hier, weit draußen in diesem Labyrinth weißen Gemäuers, läßt man uns in ein Lokal ein, wo Jüdinnen den »Bauchtanz« vorführen. Dieser Tanz ist häßlich, ungraziös und nur für Kenner wegen der Meisterschaft der »Künstlerinnen« bemerkenswert. Drei Schwestern, aufgedonnerte Mädchen, führten ihre unkeuschen Verrenkungen unter den wohlgefälligen Blicken ihrer Mutter aus, einer kleinen Kugel aus lebendem Fett, auf deren Scheitelpunkt ein Spitzhütchen aus Goldpapier aufragt. Jedesmal, wenn die Erschütterungen der Bäuche ihrer Töchter einen Höhepunkt erreicht hatten, bettelte sie bei den Gästen zur Dekkung der exorbitanten Spesen ihres Luxuslokals. Durch drei halboffene Türen sah man in drei an den Salon angrenzende Zimmer mit niedrigen Liegestätten. Ich öffnete eine vierte Tür und erblickte in einem Bett eine, wie mir schien, schöne Frau. Man fiel über mich her, die Mutter, die Tänzerinnen, zwei dienstbare Negerinnen und ein bislang unsichtbarer Mann, der, hinter einem Vorhang versteckt, zugeschaut hatte, wie sich die Lenden seiner Schwestern für uns bewegten. Ich hatte mich angeschickt, in das Zimmer seiner Ehegattin, die schwanger war, einzudringen – in das Gemach der Schwiegertochter, der Schwägerin der Flittchen, die sich – allerdings vergebens – jede erdenkliche Mühe gaben, uns – und wäre es nur für einen Abend – der Familie einzuverleiben. Um mich für den verfehlten Abstecher in das Zimmer der schwangeren Dame zu entschädigen, zeigte man mir ihr drei- oder vierjähriges erstes Kind, ein Mädchen, das andeutungsweise schon einen Bauchtanz vorführte.

Ich empfahl mich reichlich angewidert.

Unter Anwendung äußerster Vorsichtsmaßnahmen führte man mich sodann in das Wohnviertel der arabischen Kurtisanen großen Stils. An den Straßenecken wurden Aufpasser postiert, es wurde verhandelt, gedroht; denn hätten die Eingeborenen bemerkt, daß ein Rumi, ein Fremdling, zu einer dieser Damen eindringen konnte, wären sie fortan vereinsamt, geächtet und ruiniert gewesen. Ich bekam einige dicke Brünetten von mittelmäßiger Schönheit zu sehen, die in schmutzigen, von Spiegelschränken umstandenen Löchern hausten.

Wir dachten schon an den Rückweg zum Hotel, als der Polizeibeamte vorschlug, uns ganz einfach noch in ein Freudenhaus zu führen, dessen Pforte sich uns kraft seiner Würde öffnen sollte. Und so tappten wir denn wieder hinter ihm drein durch schwarze, unvergeßliche Gassen. Von Zeit zu Zeit mußten wir Streichhölzer anzünden, um nicht zu fallen. Dennoch stolperten wir in Löcher, torkelten, die tastenden Hände vorgestreckt, gegen Hauswände, stießen mit der Schulter gegen Straßenecken. Da und dort hörten wir aus dem Mauergewirr Stimmen, den Lärm von wilder Musik und orgiastischem Treiben, erstickt, wie von ferne, erschreckend geheimnisvoll und betäubend. Wir befinden uns inmitten des Lasterviertels.

Vor einer Tür machen wir halt. Wir verstecken uns rechts und links, während der Polizeibeamte mit der Faust anklopft und einen arabischen Befehl ausruft.

Eine schwache Stimme, die Stimme einer Greisin, antwortet hinter den Türplanken. Und wir vernehmen jetzt die Klänge von Instrumenten und die kreischenden Singstimmen arabischer Frauen aus dem Innern dieses anrüchigen Schlupfwinkels.

Die Alte will nicht öffnen. Der Polizist wird ärgerlich und stößt überstürzt ein paar rauhe und heftige Worte hervor. Endlich öffnet sich ein Spalt, der Mann stößt nach, tritt ein wie ein Eroberer durch das Stadttor und bedeutet uns mit schöner Siegergebärde, ihm zu folgen.

Über drei Stufen geht es hinunter in einen niederen Raum, wo rings an den Wänden entlang auf Teppichen vier Araberkinder schlafen, die kleinen Bewohner dieses Hauses.

Eine Greisin, eine von diesen uralten Eingeborenenweibern, scheinbar aus lauter gelben, flatternden Fetzen zusammengesetzt, die irgendwo herumgewickelt und verknotet sind und aus denen ein unwahrscheinlicher, über und über tätowierter Hexenschädel herausschaut, versucht immer noch, uns am weiteren

Eindringen zu hindern. Aber die Tür wird hinter uns wieder geschlossen, und wir betreten das erste Zimmer, wo einige Männer, die nicht weiter vorankamen, herumstehen und wie gebannt der eigenartigen, herben Musik lauschen, welche aus der von ihnen verstellten Tür zum nächsten Raum tönt. Der Beamte geht voran, läßt die Stammgäste zur Seite treten, und wir gelangen in ein enges, langgestrecktes Zimmer, wo Araber in Gruppen auf den längs der Mauern verlaufenden Brettern kauern.

Am anderen Ende des Raumes türmt sich auf einem die ganze Wandbreite einnehmenden französischen Bett eine Pyramide unwahrscheinlich zusammengewürfelter und untereinander verschränkter Arabergestalten, ein Wust von Burnussen, aus dem fünf turbanbedeckte Köpfe herausragen.

Vor ihnen, am Fuß des Bettes, sitzen uns zugewandt auf einer niedrigen schemelartigen Bank vier Frauen hinter einem kleinen, mit Gläsern, Bierflaschen, Kaffeetassen und zinnernen Löffeln beladenen Mahagonitischchen. Sie singen eine unendliche, langgezogene Melodie, welche von einigen jüdischen Musikanten auf Instrumenten begleitet wird.

Die Frauen sind wie für eine Märchenvorführung geschmückt, wie die Prinzessinnen aus Tausendundeiner Nacht, und eine von ihnen, eine vielleicht fünfzehnjährige, ist von so verblüffender, vollendeter, einzigartiger Schönheit, daß sie diese seltsame Stätte wie eine Lichtquelle erhellt, sie unerwartet, gleichnishaft und unvergeßlich verwandelt.

Die Haare werden rückwärts von einer Goldschärpe zusammengehalten, welche die Stirn von Schläfe zu Schläfe teilt. Unter dieser geraden, metallisch glänzenden Schranke öffnen sich zwei übergroße Augen mit einem starren, gefühllosen Blick, zwei längliche, schwarze, weit auseinanderliegende Augen, geschieden durch einen Traum von Nase, die zu einem kleinen Kindermund abfällt, einem sich im Singen öffnenden Munde, dem einzigen Lebenszeichen in diesem unbeweglichen Antlitz. Es ist ein Gesicht ohne Nuancen, von überraschender Regelmäßigkeit, primitiv und königlich zugleich, aus so einfachen Linien zusammengesetzt, daß sie die natürlichen, einzig möglichen Formen eines Menschenantlitzes zu bilden scheinen.

In jedem Gesicht, dem man sonst begegnet, glaubt man einen Zug, irgendeine Einzelheit durch einen Zug aus einem anderen Gesicht ersetzen zu können. An dem Kopf dieser jungen Araberin hätte man nichts ändern können, so typisch und vollkommen war seine ganze Zeichnung. Die glatte Stirn, die Nase, diese Wangen mit ihrer fast unmerklichen Modellierung, die in der feinen Spitze des Kinns zu ersterben scheint und in einem untadeligen Oval von etwas bräunlichem Fleisch die einzigen Augen umrahmt, die einzige Nase und den einzigen Mund, die hier möglich sind – das alles ist ein Idealgebilde von absoluter Schönheit, das unseren Blick bezaubert und vielleicht nur im Traum nicht völlig befriedigen könnte. An ihrer Seite sitzt ein zweites Mädchen, auch sehr reizvoll, aber nichts Außergewöhnliches, eines jener sanften, weißen Gesichter, deren Fleisch wie ein mit Milch angerührter Teig aussieht. Zu beiden Seiten dieser Sterne sitzen noch zwei Frauen, sie sehen etwas tierhaft aus mit ihren kurzen Schädeln und vorstehenden Backenknochen. Es sind prostituierte Nomadenweiber, verlorene Geschöpfe, wie sie von den umherziehenden Stämmen unterwegs ausgesetzt, gelegentlich wieder aufgelesen und wiederum verloren werden, bis sie zuletzt im Gefolge eines Spahitrupps landen und von diesem dann in die Stadt verschleppt werden.

Sie singen, während sie mit ihren hennageröteten Händen auf die Darbuka schlagen, und die jüdischen Musikanten begleiten sie auf kleinen Gitarren, Tamburinen und grellen Flöten.

Alles lauscht, wortlos, ohne ein Lachen, mit hoheitsvollem Ernst.

Wo befinden wir uns? Im Tempel einer barbarischen Religion oder in einem Freudenhaus?

In einem Freudenhaus? Ja doch, wir sind in einem Freudenhaus, und nichts auf der Welt hat mir je einen so unerwarteten, frischen und farbigen Eindruck gemacht wie der Anblick dieses langgestreckten, niedrigen Raumes, wo diese Mädchen, geschmückt wie für eine kultische Handlung, auf die Laune eines dieser ernsten Männer warten, die – an der Schwelle der Ausschweifung – immer noch aus dem Koran zu murmeln scheinen.

Die Frauen, mit denen keiner sprach, saßen steif wie Statuen, und ich begann mich dank der Hilfe des eingeborenen Polizisten mit meinen beiden algerischen Nachbarn zu unterhalten.

Ich erfuhr, daß sie Hirten aus der Gegend von Bongie seien und in den Falten ihrer Burnusse heimatliche Flöten tragen, auf denen sie des Abends zu ihrer Unterhaltung zu spielen pflegen. Sie hatten es ohne Zweifel darauf abgesehen, uns eine Talentprobe zu geben, und zeigten mir zwei dünne Schilfrohre, in welche sie Löcher gebohrt hatten, zwei richtige Schilfrohre, die sie am Ufer eines Flusses geschnitten haben mochten.

Ich bat, man möge sie spielen lassen, und sogleich verstummte alles in vollendeter Höflichkeit.

Oh, wie unaussprechlich süß war das Gefühl, das mir zum Herzen drang, als die ersten so leichten, bizarren, ungewohnten Töne dieser kleinen Stimmen, dieser kleinen, im Wasser gewachsenen Rohre nun erklangen. Die Töne hüpften so zart, so fein und zaghaft, Töne, die hintereinander herflogen und – schwebten, ohne je zusammenzukommen, ohne einander zu finden, sich zu vereinigen, ein Gesang, der sich immer wieder verlor, immer aufs neue begann, der an uns vorüberzog, uns umschwirrte wie ein Hauch aus der Seele von Blättern, Bäumen und Bächen, aus der Seele des Windes, der mit diesen beiden riesigen Berghirten des Kabylenhochlandes in das Freudenhaus eines Vorstadtviertels von Tunis gedrungen war.

Abendaquarelle

Algier

In sanfter Unrast schaukelt das Schiff in dem ungeheuren Blau, das allseits den Blick umsäumt. In Himmel und Meer dunkelt nur diese eine ruhige Farbe; der kurze schäumendweiße Strich vielleicht noch, den der Kiel hinter sich wirft und der rasch wieder verlischt. Da dämmert in jenem schmalen, fadendünnen Streif, wo die Luft das Wasser berührt, ein erster Farbton, Ahnung fast nur und Rauch, ganz ängstlich und schon wieder getrübt von dem abendlichen Erdunkeln des Himmels. Aber doch steigt er wieder auf, dieser linde Nebel, und verdichtet sich und verdickt sich, als wollte er feste Formen gebären. Und plötzlich umfängt der Blick eine unendlich zarte, mit verlöschenden Nebelfarben hingestrichelte Silhouette, die durchschimmert wie eine ferne Kulisse. Noch ganz unsicher ist sie, denn die Dämmerung überrieselt ihre Linien mit rosa Wellen und lauer Dunkelheit. Aber das Profil zeichnet sich schärfer, eine starke Kuppel bricht vor, die Höhe von Bouzarea, und schon glänzt hoch oben wie ein heller Stein die Kirche Notre Dame d'Afrique. Und nun entfaltet sich rasch in grünen Frühlingsfarben der Bogen, in den Fächer der Farben schreiben sich neue, kühn geschwungene Linien: ein Hügel, durchglitzert von vielem weißen Glanz, die Höhen von Mustafa mit den Villen, hinter denen der Abend zu flammen beginnt. Und weit in der Ferne, die granitfarbenen ernsten Umrisse großer Gebirgszüge. Und plötzlich – war es eine Wendung des Schiffes oder ein Strahl der sinkenden Sonne, der diese Flamme entzündet? – blitzt wie ein Opal, milchweiß und in allen Abendfarben funkelnd, ein lichter Fleck aus der grünen Wölbung, die helle Stadt, »Alger la blanche«. Eine einzige Farbe, ein scharfes, mit vielen Farben gesättigtes, fast schmerzhaft scharfes Weiß, ein ungeheuer vehementes Licht, wie ein Diamant durchsprüht von dem heißen Spiegel der Scheiben, die das Sonnenlicht in tausend Splittern zurückschleudern. Rings mischen sich alle Farben zu dunkleren Tönen, die Hügel schwärzen sich, das Meer trübt sich in ein dämmerndes Grau, die hitzige Glut der Sonne brennt nur noch in orangeroter und gegen die Höhe des Himmels zu erblassender Tönung, die Dinge endlich haben jenes Fernewerden und Unsichersein des Abends, das Worte nicht recht klären können. Aber Algier bleibt weiß und blank, ob sich auch dieser Nebel in ein Gewirre von kleinen Häusern löst, die – in weißer Treppe zur Kasbah, dem alten Nest der Korsaren, aufsteigend – mit allen ihren Kalkfacetten das Licht grell von sich werfen. Und weiß wie Kerzen stehen die schmalen Minarette und die Türme der fernen Kirche im Abendfeuer, die ganze Stadt scheint, mit dem Kranz der Wälder in ihrem Haar, eine Marmorherme, einsam aus der Dämmerung verschlungener Gesträuche leuchtend. Und diese Farbe ist Algiers Zauber. Denn wie das Schiff nun in den Hafen lenkt und die Details den koloristischen Bann brechen, zersplittert dieser märchenhafte Glanz in elegante Hotels, moderne Kaibauten und vornehme Mietsgebäude, in die geschmackvolle Rampe einer Großstadt, wird unwirksam, etwa wie bei dem Bilde eines Pointillisten von nahe gesehen Sonne und in breitem Strom ergossene Lichtflut kleine häßliche Farbenflecke sind. Nur der Himmel, begabt mit jenem wunderbaren Zauber ewiger Ferne, gleitet mit seinem rötlich dunkelnden Saume langsam an dem erloschenen Schauspiel vorbei.

*

Empor durch ein Gassengewirr zur Kasbah. Zuerst sind die Gassen breit und eben, die Häuser stolz und vornehm. Dann scheint plötzlich eine Unrast in die Gebäude zu kommen. Sie rücken ängstlich zusammen, neigen sich gegeneinander, so ungleich und uneben sie sind. Und immer enger, je höher der Weg emporsteigt. Sie lehnen sich gegeneinander, umpressen sich, durchwinden sich, ein Gewirre von Gliedern, die bis zur Unkenntlichkeit sich ballen; Engpässe, Stiegen, Höhlen, Kreuzgänge – und all dies doch systematisch emporgewühlt auf glitschrigen Stufen wie ein Maulwurfsbau. Wie Menschen sind die Gassen, Menschen, die in Armut und Angst zueinander flüchten, wie Bettler und Kranke. Häuser gibt es da, die Physiognomien haben: dies eine, mit blinden Fenstern und schiefer Haltung, ist es nicht des Blinden Bild, der dort an der Ecke steht? Und dies, ein brüchiger Bau, mit kranker Brust vorgebeugt, auf Krücken gestützt, der Lahme, der über den Markt humpelt? Und diese, mit fauligem Atem, zerfetztem Gewand, ängstlich in den Schatten gepreßt, sind das nicht der Leute Bilder, die in ihnen leben? Denn die Araber Algiers, von Krankheit zerfressen, von Kultur verdorben, unedle Gestalten, die faul in den schmutzigen Cafés sitzen oder wie Katzen zusammengerollt in ihren weißen Burnussen vor den Bädern in der Sonne liegen, sie sind nicht jene Wüstenjäger, wie man sie unwillkürlich den Büchern der Kindheit nachträumt, die ja schließlich doch die eindringlichsten Bildnerinnen unserer Phantasie sind, trotz allem späteren und überzeugterem Wissen. Nein, das sind nicht jene Bronzegestalten, die auf geschmeidigen Pferden die Wüste durchpfeilen, die stolzen Räuber und verwegenen Korsaren jener romantischen Erzählungen; diese Romantik bedarf starker Distanz, um Poesie zu sein. Erst der Abend hat hier jene sanfte Gewalt, ein Harmonisches im Häßlichen aufklingen zu lassen: er löst Schmutz und Farbe in Dämmerung und nimmt das Grelle aus allen Bildern. Wenn die Gassen ganz abdunkeln, die Engpässe schwarze Schluchten werden, hinter denen ein Unbekanntes lauert, wenn der Wirbel der Gestalten verschwimmt und die Töne ferner werden, taucht eine graue dämmerige Schönheit in diese Gassen des Elends hinab. Steigt man aufwärts, so sieht man in die Werkstuben hinein, aus deren Dunkel sich unsicher die Silhouette des Arbeiters schneidet, der mit seinem primitiven Werkzeug seine Arbeit schafft: der Goldarbeiter, der mit ganz feinem, silbernem Schlag jene seltsamen Arabesken in die Klingen hämmert, der Weber, der das Schiffchen emsig schleudert, der Hufschmied, der im flackernden Licht, das rot die schwarzen Wände emporleckt, wuchtig das Eisen schlägt. Alle diese Bilder ruhen fest in dem dunklen Rahmen eines engen Ladens wie Sinnbilder des Lebens. Alle sind sie schlicht und gemahnen ganz an mittelalterliche Embleme der Zünfte in ihrer primitiven Art. Wie große weiße Vögel flattern fern Burnusse in diesem Gassengewirr, tauchen auf und versinken in dieser grauen Flut. Manchmal streifen auch Frauen vorbei mit ungemein behendem und vorsichtigem Gang, das Gesicht tief verschleiert; nur die Augen sieht man, meist umtrübt von den Falten des Elends. Und dieses Zufällige, Rasche und Unübersichtliche des Vorbeigleitens all dieser Gestalten, dieses fremde Leben in den schwarzen Irrgängen hat den mystischen Reiz des Unfaßbaren, der gedämpft wird durch die stete Empfindung des Unglücks. Wie schwarze Raben stehen oder kauern die blinden Bettler an den Ecken: ungeheuer monoton, hundertmal und hundertmal sagt einer, ohne Betonung und ohne Klage, unbekannte Worte ins Dunkel hinein. Nichts Entsetzlicheres kann man sich denken, als den Anblick dieser Menschen, die rastlos, ob die Straße von Lärm tobt oder einsam mit schwarzen Wänden träumt, fremde Worte eintönig wie Tropfenfall vor sich hinsagen. Eine finstere Weisheit ist so in der Araber Leben: ihr ganzes Elend stellen sie auf die Straße, ihr Glück schließen sie sorglich ein. Denn nichts weiß man von all diesen Häusern, an denen man vorbeistreift. Alle sind sie fast fensterlos, mit kleinen verschlossenen Türen, Mauern nur um Armut oder Pracht. Alles Leben ist hier nach innen gewandt, aller Reichtum – wie in den Moscheen – in die Gemächer geballt; auf den flachen Dächern, unsichtbar für den Vorbeischreitenden, trinken die Frauen jetzt vielleicht die kühle Abendluft und schauen zu dem ungeheuren Sternenbogen des Himmels, der hier nur in kleinen Splittern zwischen den Häusern glänzt – die Wand des Hauses ist blind und dunkel und verrät nichts vom Leben in seinem Umkreis. Sie schläft in Dämmerung wie in einem Grabe, an dem die Auferstehung vorüberschreitet: denn das Mondlicht, das in einer unendlich weißen Flut die Dächer badet, schreibt nur einen ganz dünnen Streif oben hin. Und die Sonne zittert nur in ganz leisen Wellen am First, nichts wagt das Dunkel zu stören, das sich in diese Gassen gleichsam eingefressen hat. Wie eine Erlösung ist es, wenn man plötzlich an dem freien Platz vor der Kasbah angelangt ist und nun das rosige Abendspiel der sinkenden Sonne die Stadt umzittern sieht und dann, herabschauend von der Zinne des alten Räubernestes, den hellen Widerglanz golddurchwirkter Wolken tief unten im Hafen schaut, wenn man mit einem Male alle lichten Töne der Dämmerung spürt, nachdem man durch die Trübe sonnenblinder Gassen gegangen. Langsam hüllt dann die Nacht die weiße Stadt wieder in ihren Nebel ein. Noch dunkler werden die Gassen, und ein eigenes Leben beginnt hinter den verschlossenen Türen: das eintönige Singen der Tänzerinnen hebt an, jene endlosen, monotonen arabischen Melodien, der gleichmäßige dumpfe Beckenschlag und manchmal noch das melancholische Getön einer Flöte. Aus den vergitterten Türen spähen geschminkte Gesichter, hie und da fällt ein grelles Lachen aus den Häusern heraus in die schwarze Stille. Schreckhaft beginnt nun das Höhlengewirr zu werden, das mit trotziger Stummheit ein vielfältiges und wildes Leben in Dunkelheit verschließt, das zu schlafen scheint und doch wacht und lauert. Und wenn man dann nach kurzer Wanderung vor dem Hafen steht, der in erzenem Glanz ruht, still und friedlich mit dem farbigen Schein seiner Lichter, fühlt man sich wie in einer anderen Welt, fühlt, daß es eine sanfte Dunkelheit gibt, ebenso wie eine böse, geheimnisvoll drohende und gefährliche. Und mit wunderbarer Empfindung trinkt man, nachdem man so lange durch Stickluft gegangen, den starken Atem des mächtigen Meeres.

*

Ein schwerer Sturm ist heute über die Stadt gegangen. Noch umfalten dicke Regenwolken die abendliche Ferne, aber der Wind greift ungestüm nach ihnen. Und nun, wie sie sich lösen, glänzt plötzlich eine neue Farbe in dem gewohnten Bild: wie mit Kreide sind die Silhouetten der weiten Berglinien nachgezeichnet, Schneefelder flimmern nieder in Frühlingsland, eine Dolomitenlandschaft in Afrika. Die Luft hat jene unbeschreibliche Reinheit nach dem Regen, die alle Dinge heranrücken läßt; heute ist im Anblick Algiers nicht nur Farbe, sondern auch scharfe Linie, nicht nur weißer Dämmer ist die Stadt, sondern eine Fülle kleiner Silhouetten. Von Mustafa, der Villenstadt, die Algier gegenüber ruht, führt ein wunderbarer Weg zum Meere herab, und nirgends fühlt man die Vielfältigkeit des abendlichen Bildes besser, als von diesen vielen Serpentinen. Ganz von hoch oben sieht man noch jedes Detail: den Wimpel der Schiffe im Hafen, die zackige Rampe des Minaretts, das Hafenkastell des Räubers Barbarossa und mit unzähligen Variationen die Fächer einsamer Palmen, die schwarzen Schwerter hoher Zypressen drüben am Hügelsaum. In eigenartigem Spiele geht der Weg dann nieder; bald fangen hohe Alleen den Blick ein, der die Ferne sucht, bald breite Platanengruppen und bald wieder diese Villen, die in einem Netz exotischer Gärten ruhen. Fast alle sind sie in maurischem Stil, blinkend weiß, in runden Linien gebaut und mit Arabesken geziert, flammend gleichsam in dem schweren Grün des Teppichs vor ihren Füßen. Unwillkürlich entsinnt man sich bei ihrem Anblick jener Geschichten im Stil des ›Decamerone‹ von der Sultanstochter in Algier, die, durch solche Gärten am Abend streifend, dem italienischen Gefangenen ihre Liebe bot: denn man muß an etwas sehr Fremdes, Seltsames und Feierliches beim Anblick dieser Gärten denken, die so wollüstig schön und fast traumhaft sind. In ihrem Schatten verweilend, vergißt man, wie rasch der Abend sinkt. Und fühlt es dann mit jäher Entzükkung im nächsten Augenblick, wo sich die Serpentine des Weges zur Terrasse weitet und plötzlich die Landschaft im Feuer des Abends brennt. Unvergeßlich ist dieses Profil: der Bergabhang von Bouzarea eine schwarze Linie, eingeschnitten in einen granatapfelfarbenen und mählich erblassenden Himmel, die blaue Riesenmuschel des Meeres und Algier die weiße Perle darin. Und man legt gern einen Sinn in die weißen ansteigenden Riesenterrassen dieser Stadt, träumend, daß sie ein Amphitheater sei, hingebaut an diese herrliche Stelle, um das wunderbare Schauspiel blauenden Meeres und ewigen Frühlings zu beschauen und um ihr weißes Antlitz wollüstig in dem Azur des Hafens zu spiegeln.

Klabund

Fünf Mark

In meiner Straße nachts steht eine
(Immer dieselbe) Lausekleine,
Und grüßt mich krächzend mit Geplärr:
Fünf Mark, mein Herr, fünf Mark, mein Herr.

Ich habe es mir mild verbeten,
Da ist sie näher nur getreten,
Ihr dürrer Leib schwoll schattengroß:
Fünf Mark ja bloß, fünf Mark ja bloß.

Grüß Gott –, der Leichenwagen rumpelt,
Ihr Schatz und eine Vettel humpelt
Stier gröhlend hinter ihrem Sarg:
Fünf Mark, mein Herr, mein Herr, fünf Mark.

Man schmiß sie in die Armenerde,
Ihr Schatz gab ihr als Reisezehrde
Zur Fahrt ins Dunkel in den Sarg:
Fünf Mark, mein Herr, mein Herr, fünf Mark,

Fünf funkelnagelneue Mark …

Die schlimmste Stadt der Welt

Rio de Janeiro

Wir landeten an der *Praya dos Mineiros,* einem schmutzigen, ekelhaften Platze, bevölkert mit einigen Dutzenden ebenso schmutziger, ekelhafter Schwarzen, die auf dem Boden kauerten und Früchte und Näschereien zum Verkauf laut schreiend und preisend anboten. – Von da kamen wir gleich in die Hauptstraße (Rua direita), deren einzige Schönheit ihre Breite ist. Sie enthält mehrere öffentliche Gebäude, wie das Zollhaus, die Post, die Börse, Wache usw., die aber alle so unansehnlich sind, daß man sie gar nicht bemerken würde, ständen nicht immer viele Leute davor.

Am Ende dieser Straße liegt das kaiserliche Schloß, ein ganz gewöhnliches großes Privatgebäude, ohne Ansprüche auf Geschmack und schöne Architektur. Der Platz davor (Largo do Paco), mit einem einfachen Brunnen geziert, ist sehr unrein und dient des Nachts vielen armen, freien Negern zur Schlafstelle, die dann des Morgens ihre Toilette ganz ungeniert vor aller Leute Augen machen. Ein Teil des Platzes ist von einer Mauer umfaßt und wird als Fisch-, Obst-, Gemüse- und Geflügelmarkt verwendet.

Von den übrigen Straßen sind noch die Rua Misericorda und Ouvidor die interessantesten, letztere enthält die reichsten und schönsten Warenlager, doch darf man weder die schönen Auslagen europäischer Städte erwarten, noch findet man besonders viel Schönes oder Kostbares. Das einzige, was mich besonders anzog, waren die Blumenmagazine, in welchen die herrlichsten Blumen, künstlich aus Vogelfedern, Fischschuppen und Käferflügeln verfertiget, zur Schau gestellt waren.

Die Häuser sind nach europäischer Art gebaut, aber klein und unansehnlich; die meisten haben nur ein Erdgeschoß oder ein Stockwerk – zwei Stockwerke sind eine etwas seltene Sache. Auch findet man hier nicht, wie in anderen heißen Ländern, Terrassen und Veranden mit schönen Geländern und Blumen geziert. Geschmacklose und kleine Balkone hängen an den Wänden, und plumpe hölzerne Läden schließen die Fenster, um der Sonne jeden Blick in die Zimmer zu verwehren. Man sitzt beinahe in vollkommener Dunkelheit, was übrigens den brasilianischen Damen, die sich im Arbeiten oder Lesen gewiß nie übernehmen, höchst gleichgültig ist.

Die Stadt bietet also an Plätzen, Straßen und Gebäuden dem Fremden durchaus nichts Anziehendes; wahrhaft abschreckend sind aber die Menschen, welchen man begegnet – beinahe durchgehends nur Neger und Negerinnen mit den plattgedrückten, häßlichen Nasen, den wulstigen Lippen und kurz gekrausten Haaren. Dazu sind sie meist noch halb nackt, mit elenden Lumpen bedeckt, oder sie stecken in europäisch geformten, abgetragenen Kleidungsstücken ihrer Herren. Auf 4 bis 5 solcher Schwarzen kommt dann ein Mulatte, und nur hie und da leuchtet ein Weißer hervor.

Noch widerlicher wird das Bild durch die häufigen Gebrechen, die man überall gewahrt, und worunter ganz besonders die Elephantiasis in schreckliche Klumpfüße ausartet; an Blindheit und andern Übeln ist auch kein Mangel vorhanden. Ja sogar auf Hunde und Katzen, die in großer Anzahl in den Gassen umherlaufen, erstreckte sich die allgemeine Häßlichkeit – auch diese sind meist schäbig oder voll Wunden und Räuden.

Erst nachdem ich manche Woche hier verbracht hatte, war ich etwas an den Anblick der Schwarzen und Mulatten gewöhnt, und ich fand dann auch unter den jungen Negerinnen artige Gestalten und unter den etwas dunkelgefärbten Brasilianerinnen und Portugiesinnen hübsche, ausdrucksvolle Gesichter; minder scheint die Gabe der Schönheit dem männlichen Geschlechte verliehen zu sein.

Die Lebhaftigkeit auf den Straßen ist bei weitem nicht so

groß, als man nach so vielen Beschreibungen vermuten würde, und durchaus nicht mit jener in Neapel oder Messina zu vergleichen. Den meisten Lärm machen die lasttragenden Neger, und darunter besonders jene, welche die Kaffeesäcke an Bord der Schiffe schleppen; sie stimmen dabei einen eintönigen Gesang an, der ihnen zum Takte dient, um gleichen Schritt zu halten, übrigens sehr widrig klingt; doch hat er das Gute, daß der Fußgänger dadurch aufmerksam gemacht wird und beizeiten aus dem Weg gehen kann.

In Brasilien werden alle schweren und unreinen Arbeiten in und außer dem Hause durch Schwarze verrichtet, die hier überhaupt die Stelle des niederen Volkes vertreten. Doch lernen auch viele Handwerke, und manche derselben sind dabei den geschicktesten Europäern gleichzustellen. Ich sah in den elegantesten Werkstätten Schwarze mit Verfertigung von Kleidern, Schuhen, Tapezier-, Gold- und Silberarbeiten usw. beschäftigt und traf manch zierlich gekleidetes Negermädchen am feinsten Damenputze, an den zartesten Stickereien arbeitend. Ich glaubte fürwahr oft zu träumen, wenn ich diese armen Geschöpfe, die ich mir als freie Wilde in ihren heimatlichen Wäldern vorstellte, in den Läden und Zimmern solch feine Geschäfte vollbringen sah! Und dennoch scheint es ihnen nicht so schwer zu fallen, als man glauben sollte. Sie verrichteten stets scherzend und munter ihre Arbeiten.

Unter der hiesigen sogenannten gebildeten Klasse sind manche, die, nach all den Beweisen mechanischer Geschicklichkeit und auch geistiger Auffassung, welche die Schwarzen häufig entwickeln, noch immer behaupten, dieselben ständen an *Geisteskraft* so tief unter den Weißen, daß man sie nur als einen Übergang vom Affen- zum Menschengeschlecht betrachten könnte. Ich gebe zu, daß sie einigermaßen entfernt von der geistigen *Bildung* der Weißen sind; finde aber die Ursache nicht in dem Mangel an Verstand, sondern in dem gänzlichen Mangel an Erziehung. Für sie ist keine Schule errichtet, sie bekommen keinen Unterricht – kurz es geschieht nicht das Geringste, ihre geistigen

Fähigkeiten zu entwickeln. Man hält ihren Geist wie in alten despotischen Staaten vorsätzlich in Fesseln, denn das Erwachen dieses Volkes dürfte den Weißen fürchterlich sein. An Zahl ist es ihnen um das Vierfache überlegen, und käme es zu dem Bewußtsein dieser Überlegenheit, dann könnten leicht die Weißen in jenen Zustand versetzt werden, in welchem sich bisher die unglücklichen Schwarzen befanden.

Aber ich versteige mich in Vermutungen und Abhandlungen, die wohl gelehrten Männern zukommen, nicht aber mir, die ich die dazu nötige Bildung durchaus nicht besitze; mein Zweck ist: nur einfach meine Anschauungen darzulegen.

Obwohl in Brasilien die Zahl der Sklaven sehr groß ist, so findet man doch nirgends einen Sklavenmarkt. Ihre Einfuhr ist öffentlich verboten – doch werden alljährlich viele Tausende eingeschmuggelt und verkauft auf ganz geheimen Wegen, die jedermann kennt und jedermann benützt. Englands Schiffe kreuzen wohl beständig vor der afrikanischen und brasilianischen Küste; kommt ihnen aber auch ein Sklavenschiff in die Hände, so sind die armen Schwarzen, wie man mir sagte, ebenso wenig frei, als wären sie nach Brasilien gekommen. Sie werden alsdann nach den englischen Kolonien gebracht, wo sie nach zehn Jahren frei sein sollten. Die Besitzer lassen aber während dieser Zeit die meisten sterben – natürlich nur auf dem Papier in ihren Ausweisen, und die armen Sklaven – bleiben Sklaven. – Doch wiederhole ich, daß mir dies nur durch Erzählungen bekannt wurde.

Übrigens ist das Los der Sklaven nicht gar so schlecht, als viele Europäer glauben; sie werden in Brasilien im Durchschnitt ziemlich gut behandelt, man überhäuft sie nicht mit Arbeit, sie haben eine gute, kräftige Kost, und die Strafen sind weder gar so häufig noch streng; nur das Entlaufen wird hart geahndet. Außer einer tüchtigen Tracht Schläge bekommen sie noch Hals- oder Fußeisen, die sie ziemlich lange tragen müssen. Eine andere Art Strafe ist das Tragen von Blechlarven, die rückwärts durch ein Schloß gesperrt sind. Es werden damit die Säufer und die Erd- oder Kalkfresser bestraft. Während meines langen Aufenthaltes in Brasilien kam mir ein einziger Neger vor, der mit einer solchen Larve umherging. Ich möchte beinah zu behaupten wagen, daß das Los der Sklaven im Ganzen minder schlecht ist, als jenes der russischen, polnischen oder ägyptischen Bauern, die man *nicht* Sklaven nennt.

Interessant war es mir, daß ich einst von einem Neger zur *Patin* gebeten wurde, dabei aber weder einer Taufe noch einer Firmung beiwohnte. Es herrscht hier nämlich die Sitte, daß ein Sklave, der irgend etwas getan hat, wofür er einer Züchtigung gewärtig ist, zu einem Freunde seines Besitzers zu fliehen sucht und selben um ein Briefchen bittet, worin um Nachlaß der Strafe angesucht wird. Der Aussteller eines solchen Briefes erhält den Titel eines Paten, und es würde für die größte Unart angesehen werden, die Bitte des Paten nicht zu erfüllen. Ich war so glücklich, auf diese Art einen Sklaven von einer Strafe zu retten.

Die Stadt ist ziemlich gut beleuchtet, und zwar bis zu einem bedeutenden Umkreis, eine Maßregel, die der vielen Schwarzen wegen eingeführt wurde. Auch darf nach 9 Uhr nachts kein Sklave auf der Straße getroffen werden, ohne von seinem Herrn einen Schein zu haben, daß er in dessen Auftrag gehe. Ertappt man ihn ohne Schein, so kommt er augenblicklich in das Strafhaus, wo ihm der Kopf geschoren wird, und er so lange bleiben muß, bis ihn sein Herr gegen Erlegung von 4 bis 5 Milreis auslöst. Infolge dieser Einrichtung kann man mit ziemlicher Sicherheit zu jeder Stunde der Nacht auf der Straße gehen.

Eine der größten Unannehmlichkeiten Rio de Janeiros ist der gänzliche Mangel an Abzugsgräben. Bei starken Regengüssen ist jede Straße ein förmlicher Strom, über welchen man zu Fuß nicht setzen kann; man muß sich von Negern hinübertragen lassen. Gewöhnlich hört da aller Verkehr auf, die Straßen sind verödet, keiner Einladung wird Folge geleistet, ja selbst die Wechsel werden an solchen Tagen nicht eingelöst. Einen Wagen zu mieten entschließt man sich sehr schwer, da hier der alberne Gebrauch herrscht, für eine kurze Fahrt ebensoviel zu bezahlen, als benützte man den Wagen für den ganzen Tag; eines wie das andere kostet 6 Milreis. Die Wagen sind halbgedeckt, mit einem Sitz für zwei Personen, mit zwei Maultieren bespannt, auf deren einem der Kutscher reitet. Nach englischer Art und mit Pferden findet man Wagen und Bespannung nur sehr selten.

Viel hatte ich in Europa gehört und gelesen von der Großartigkeit und Üppigkeit der Natur in Brasilien, von dem ewig heitern, lachenden Himmel, von den wunderbaren Reizen des immerwährenden Frühlings.

Es ist wahr, daß die Vegetation hier so reich, der Wachstum so kräftig und üppig ist, wie vielleicht in keinem Lande der Welt, und daß jeder, der das Wirken der Natur in vollster Kraft, in unaufhörlicher Tätigkeit sehen will, nach Brasilien kommen muß; – doch möge ja keiner glauben, daß hier auch alles schön, alles gut sei, und daß es nichts gebe, was vielleicht den Zauber des ersten Eindruckes schwächen könne.

Jubelt doch jeder über das immerwährende Grün, über die unaufhörliche Frühlingspracht und gibt am Ende gerne zu, daß auch das mit der Zeit seinen Reiz verliert. Man zöge es vor, lieber etwas Winter zu haben, indem das Erwachen der Natur, das Wiederkehren der balsamischen Frühlingsdüfte gerade deshalb am meisten Vergnügen gewährt, weil man es einige Zeit entbehrt hat.

Das Klima und die Luft fand ich höchst drückend und unangenehm, die Hitze, obwohl in der damaligen Jahreszeit im Schatten kaum 24 Grad übersteigend, sehr ermattend – in den heißen Monaten, die von Ende Dezember bis in den Mai währen, steigt die Hitze im Schatten bis auf 30, in der Sonne bis über 40 Grad. Ich ertrug in Ägypten eine größere Hitze weit leichter, als hier die mindere, was vielleicht daher rühren mag, daß es dort mehr trocken ist, während hier die größte Feuchtigkeit herrscht – Nebel und Gewölke sind an der Tagesordnung – Berge, Höhen, ja ganze Landstriche sind häufig in undurchdringliche Finsternis gehüllt, und die ganze Atmosphäre ist mit feuchten Dünsten geschwängert. (...)

Eine weitere Unannehmlichkeit sind die Moskitos, Ameisen, Baraten, Sandflöhe usw. Viele Nächte verbrachte ich sitzend, gepeinigt und gequält von den Stichen der Insekten. Kaum ist man imstande, die Lebensmittel vor den Angriffen der Baraten und Ameisen zu sichern. Die letzteren gar erscheinen oft in unermeßlichen Zügen und ziehen über alles, was in ihrem Wege liegt. (...)

Die Lebensmittel schützt man gegen sie einigermaßen, indem man die Füße der Tische und Schränke in mit Wasser gefüllte Schüsselchen setzt; – die Kleider, die Wäsche werden in genau sich schließende Blechkasten gelegt, um sie nicht nur vor den Ameisen, sondern auch vor den Baraten und der Feuchtigkeit zu sichern.

Am ärgsten wird man jedoch von den Sandflöhen gepeinigt, die sich meist an den Zehen unter den Nägeln, wohl auch an den Fußsohlen festsetzen. Sobald man an einem dieser Teile ein Jukken verspürt, muß man augenblicklich nachsehen; zeigt sich da ein schwarzes Pünktchen, umgeben von einem kleinen weißen Ring, so ist ersteres der Floh, das zweite der Eiersack, den er in das Fleisch gelegt hat. Man sucht nun mit einer Nadel die Haut so weit zu lösen, als der weiße Ring sichtbar ist, hebt dann das Ganze aus und streut in den leeren Raum etwas Schnupftabak. Am besten ist es, zu dieser Operation den nächstbesten Schwarzen herbeizurufen, da sie alle dies Geschäft ganz kunstgerecht verstehen.

Was endlich die Naturerzeugnisse Brasiliens anbelangt, so fehlen ihm einige der wichtigsten Artikel. Wohl hat es seinen Zucker, seinen Kaffee – aber kein Korn, keine Kartoffeln und selbst nicht unsere köstlichen Obstgattungen. Das Maniokmehl, das man unter die Speisen mischt, vertritt die Stelle des Brotes, ist aber lange nicht so kräftig und nahrhaft. Verschiedene süßlich schmeckende Knollengewächse sind auch nicht unsern Kartoffeln zu vergleichen, und von den Obstgattungen sind nur die Orangen, Bananen und Mangos ausgezeichnet; die hochgerühmte Ananas ist weder sehr aromatisch noch besonders süß;

ich aß ungleich schmackhaftere, die in europäischen Treibhäusern gezogen wurden. Die übrigen Obstgattungen sind des Aufzählens nicht wert. Was endlich zwei sehr notwendige Lebensmittel, Milch und Fleisch, betrifft, so ist erstere sehr wässerig, letzteres sehr trocken. (...)

Sitten und Gebräuche lernte ich zu wenig kennen, um imstande zu sein, ein geeignetes Urteil darüber abzugeben, und ich darf mich daher nur auf einzelne Bemerkungen beschränken. Im Ganzen scheinen jene von den europäischen wenig abzuweichen, denn die jetzigen Besitzer des Landes stammen ja von Portugal her, und so könnte man füglich die *Brasilianer* in das *Amerikanische* übersetzte *Europäer* nennen. (...)

Moralität und gute Sitten sind leider in Brasilien nicht sehr heimisch, und ein Teil der Ursache mag wohl schon in der ersten Erziehung der Kinder liegen, die vollkommen der Leitung der Schwarzen überlassen wird. Negerinnen sind ihre Ammen, ihre Wärterinnen und Aufseherinnen, und häufig sah ich 8- bis 10jährige Mädchen von jungen Negern zur Schule oder sonstwohin begleitet. Die Sinnlichkeit der Schwarzen ist zu bekannt, um auf diese Weise die allgemeine, frühzeitige Entsittlichung nicht leicht begreiflich zu finden. Nirgends sah ich so viele Kinder mit bleichen, abgelebten Gesichtern als in den Straßen von Rio de Janeiro. – Eine zweite Ursache der Immoralität ist gewiß auch der Mangel an Religion. Brasilien ist durch und durch katholisch, wie vielleicht nur Spanien und Italien – beinah täglich finden Umgänge, Gebete, Kirchenfeste statt; doch dienen sie nur zur Unterhaltung, und die wahre Religion fehlt gänzlich.

Der tiefen Entsittlichung und dem Mangel an Religion ist es auch zuzuschreiben, daß nicht selten Morde vorkommen, und zwar nicht des Raubes oder Diebstahles halber, sondern aus Rache und Haß. Der Mörder verübt die Tat entweder selbst oder er läßt sie durch einen seiner Sklaven vollbringen, der sich für eine Kleinigkeit dazu bereitfindet. Die Entdeckung der Tat braucht ihn, wenn er reich ist, nicht sehr zu beängstigen, da hier, wie man mir sagte, mit Geld alles abzumachen und durchzusetzen ist. Ich sah in Rio de Janeiro einige Männer, von welchen man mir versicherte, daß sie nicht einen, sondern mehrere Morde entweder selbst verübt hätten oder verüben ließen. Sie gingen nicht nur frei umher, sondern wurden auch in jeder Gesellschaft empfangen.

J. Hellmut Freund

Haus mit Zitronenbaum

Montevideo

Ich bin mit meinen Eltern und Großeltern am 2. März 1939 in Montevideo an Land gegangen. Verlassen habe ich Uruguay 21 Jahre danach. Und die Zeit zwischen dieser Ankunft und diesem Abschied, dessen Endgültigkeit ich gar nicht ahnte, war die Zeit des Reifens, die Zeit, in der ich mehr oder weniger erwachsen wurde und in der das geschah, was nicht gleich Bildung, aber bildend war. Das ist dort geschehen. In der freien Luft dieses Landes.

Die Großeltern fanden sich natürlich nicht mehr in Montevideo und zumal in der Sprache zurecht. Meine Eltern eher, bis zu einem gewissen Grade. Mir fiel das leichter. Ich habe nicht alles Uruguayische, alles Spanische in mich aufnehmen können, die Sprache zu Hause blieb die deutsche, aber die andere war mir nicht schwer. Den Akzent verlor ich nicht.

Uruguay: ein sehr amerikanisches und in hohem Maße ein europäisches Land. Ein Land, das durchaus an die abendländische Kultur glaubte und sie auch pflegte. Hier konnten wir Fuß fassen, weil Menschen wie wir, wenn sie etwas zu bieten hatten, willkommen waren und gefördert wurden.

Montevideo wirkte zunächst nicht freundlich, ein bisschen verwohnt, nicht wie eine junge Stadt. Später erst schossen Hochhäuser wie Pilze empor – in der Zeit des kurzen Aufschwungs nach dem Kriege. Eine ausgedehnte Stadt. Lauter kleine Häuser ohne Obergeschoss, meist bewohnt von großen Familien, Schwiegermütter, Tanten, Onkel waren untergebracht und mitverpflegt.

Wie verbrachten die ersten Wochen in einer Emigrantenpension, die ein Breslauer Versicherungsmann, Dr. Werner Holz, und seine Frau unterhielten. Ihr früh juristisch interessierter Sohn Helmut wurde Anwalt in Montevideo. Da saßen nun die Gäste, Gäste des Hauses, Gäste des neuen Landes, und tauschten ihre Geschichten. Doch vielen Angekommenen hafteten noch deutsche Schlacken an, von denen die eine Weile vorher Eingewanderten schon befreit zu sein glaubten. Erste Woche, Orientierungsversuche in der Stadt, ein Ausweis war erforderlich und rasch in unseren Händen, Vorsprechen in einem Amt. Fotografien, en face und im Profil, ohne Brille. Der in Uruguay obligatorische Fingerabdruck, die *Cédula de Identidad.* Im Banco de la República lag schon der Pfundbetrag des Grafen Pückler.

Was empfand man, was empfand ich nach der Ankunft in Uruguay, was als Emigrant, der Immigrant werden sollte und es ja auch wurde, im Gegensatz oft zu Angehörigen älterer Generationen, die in der Fremde, in die es sie verschlagen hatte, sich mühsam nur oder gar nicht orientierten? Ein Empfinden war uns allen gemein: das des Entkommen-Seins, einer Befreiung nicht von allen Zwängen und Nöten, keineswegs, aber von Verfolgung und Lebensbedrohung. Die Schrecken des vom Nationalsozialismus beherrschten, entstellten Deutschland wurden uns in der Entfernung merkwürdigerweise krasser bewusst als vorher. Erst jetzt konnten wir ganz ermessen, wie eine permanente Zensur Wertmaßstäbe zerbrach, wie falsche Informationen ein Volk missleiteten, das sich denn auch missleiten ließ. Die Welt sah ganz anders aus und besaß Besseres, als die NS-Propaganda es einem Millionenpublikum weismachen wollte. Aber die Entfernung zu überbrücken wurde schwer und schwerer. Schiffspost brauchte Monate, Luftpost, ziemlich teuer, benötigte 10 bis 14 Tage, Briefe konnten ohnehin nur wenig mitteilen, auf beiden Seiten vermieden es die Briefpartner zu klagen. Von Auschwitz konnten wir noch nichts wissen. Dass aber Schreckliches geschah, das wussten wir wohl. Uneingestanden hat man wohl gefürchtet, Einzelheiten sich vorstellen zu müssen. Furchtbar rar war die Möglichkeit zu helfen. Der Kriegsausbruch, ein knappes halbes Jahr nach unserer Einfahrt in den Hafen von Montevideo, war beinahe auch eine Befreiung, mehrte aber die Sorgen. (...)

Wie wir wohnten, habe ich schon angedeutet: in kleinen, altmodischen Häusern, nach dem römisch-spanischen Atriumsprinzip gebaut, d.h. nur ein bis zwei Zimmer, *salitas* genannt, vorne zur Straße. Ein Korridor führte in einen *patio,* einen Hof, bewohnbar, mit einer sogenannten *claraboya corrediza,* d.h. einem gegiebelten Glasdach, das man auf- und zukurbeln konnte, so dass man in Sommernächten im Herrenzimmer saß, wie meine Eltern es hatten, mit einem Bücherschrank, der Sternenhimmel über einem. Die Schlafzimmer, *piezas inferiores,* Innenzimmer, hatten keine Fenster. Bei Regen sprang man aus dem Bett, um rasch das Glasdach zuzukurbeln.

Eine richtige Kanalisation gab es nicht, einen Keller auch nicht. Da ist bei einer Überschwemmung einmal die ganze Jauche hochgekommen. Wir riefen in der Nacht einen alteingesessenen, großzügig hilfsbereiten deutschen Juden um Hilfe. Er leistete sie sofort, organisierte, beaufsichtigte, bezahlte eine Kolonne von Helfern. So hat David Grundland vielen beigestanden. Er war dabei bedacht auf Anerkennung, Beifall und Dank. Er hat sie reichlich verdient.

Wir fanden dann um die Ecke ein noch sehr primitives – also ohne Heizung, ohne Keller –, aber viel schöneres Haus, in dem wir ziemlich lange gewohnt haben. Die Vorderzimmer wurden untervermietet. Davon mussten wir ja auch leben, die Mutter hat auch für andere gekocht und gebacken und sich dabei arg überarbeitet. Es gab noch zwei Schlafzimmer, ich hatte einen sogenannten *altillo,* eine Art Mansarde, einst für Hauspersonal gedacht, ein winziges Kämmerlein, das aber ganz gemütlich war, Fritz Busch fand es hübsch. Die Möbel kamen in dieser fremden Umwelt gar nicht so schlecht zur Geltung. Das war der einzige Besitz, den wir hatten. Das Haus hatte zwei *patios,* dann gab es einen *fondo,* einen gepflasterten Hofgarten, überwachsen von dem Weinspalier, von dem wir einfache Trauben ernteten, so viele, dass meine Mutter gar nicht mehr wusste, wohin damit. *Eine* Rebe indessen war kostbar: Muskateller.

Rechts hinten in einem Winkel stand der Zitronenbaum, mit seinen Blüten, seinen Früchten. Er machte nichts von sich her und war doch Symbol. So ist es mit unserer Gegenwart, und so ist es mit der Geschichte. Dass man das Werdende oder ganz Gegenwärtige und das von oder in der Vergangenheit Geschaffene vor sich hat am selben Stamm.

Mein Großvater saß im *fondo* und ruhte ein bisschen, wenn er nicht meiner Mutter Kartoffeln schälen half. Eines Tages sah er über sich eine Ratte! Sie war nur die Kundschafterin, die Vorhut. Es hat nur wenige Tage gedauert, bis es von Ratten wimmelte, die uns alle mit unfreundlichem Blick vom Rebendach her anglotzten, unzählige. Wir alarmierten das zuständige hygienische Institut, man kam dann an mit Räucherapparaten, mit Terriern, die in diesem Gas entsetzlich husteten, aber immerhin einige Schlupfgänge der Ratten entdeckten. Am nächsten Tag lagen Rattenleichen zuhauf auf dem Boden, den Geruch des Gases konnten wir tagelang nicht loswerden, die Kadaver aber waren wegzuschaffen. Die trauernden Hinterbliebenen, stärker an der Zahl als die Opfer, die dort unten lagen, guckten weiter auf uns herab. Die Zugehfrau sagte: »Señora, wir brauchen eine Katze.« Meine Mutter mochte Katzen nicht, sie hatte einmal gesehen, wie eine Katze einen Vogel fing und fraß. In Montevideo wilderten Katzen auf den Straßen, nicht wenige wurden überfahren. Am nächsten Tage erschien die Zugehfrau mit einer halbwüchsigen Katze, die ganz abgemagert war und ein bisschen rachitisch wirkte. Eine halbe Albino, besaß wie mein Onkel Hermann Putzig, der Kinderarzt, ein blaues und ein graues Auge und war so schwach, dass eine mittlere Ratte sie hätte umbringen können. Doch keine Ratte wurde mehr gesehen. Bianca musste sich erst an ihre neue Umgebung gewöhnen. Mein Großvater nahm sich ihrer an. Einmal fand sie nicht den Abstieg von einem Dach. Er hielt ihr ein Bügelbrett entgegen, und auf dieser schrägen Ebene kam sie herunter und spielte dann mit seinen Füßen.

Als er später im Alter von vierundachtzig Jahren starb, saß sie tagelang unbeweglich vor der Tür des Schlafzimmers, den weißen Schwanz um die Vorderpfoten geschlungen. (…)

Mit der Rattenplage hatte es leider nicht sein Bewenden; die Hafenstadt, auf einer Halbinsel gelegen, mit ihren langen, schachbrettförmig wie in Amsterdam, New York oder Mannheim angelegten Straßen, in deren Häusern Duschen obligatorisch und Bidets nicht selten waren, erwehrte sich nur mühsam des Ungeziefers. Peinlicher als die Rattenplage war die Wanzenplage, doppelt peinlich für Leute, die Wohnungen oder Zimmer vermieten wollten. Ganz selbstverständlich war die Plage denn doch nicht, man übte Diskretion. War man selber heimgesucht, wusste man doch nicht, wie es dem Nachbarn erging. Es gab Kammerjäger, natürlich. Ihr Erfolg war begrenzt. Besichtigte man Wohnungen, konnte man Leute überraschen, die heißes Wasser auf die *camaturcas*, die landesüblichen bescheidenen Betten, einfache Rahmen mit Drahtböden, gossen. Diese Heimsuchung war nicht persönlich verschuldet, neue Häuser wurden oft aus alten Steinen erbaut. Ein großer Teil der uruguayischen Fauna war mit den Schiffen der frühen Siedler gekommen. Spatzen vermehrten sich in völliger Freiheit, so war es auch mit vielem Ungeziefer. Die Befreiung geschah schnell und vollständig. Wir dankten dem DDT als einem Menschheitssegen, die Nebenwirkungen dieser Chemikalie traten erst viel später zu Tage.

Das Uruguay, das wir zu finden, in dem und mit dem wir zu leben hatten, war alles andere als ein exotisches Land, sein Klima gemäßigt, seine Geschichte die eines gewonnenen Kampfes um Freiheit. Wenig Koloniales mehr, viel von einer europäischen Filiale. Nicht nur Tiefe und Pflanzen stammten aus dem alten Erdteil, auch Geistiges, ein großer Teil der Unterrichtsstoffe und nicht zuletzt Musik. In wachsendem Maß wurde in jenen und späteren Jahrzehnten dann wieder Autochthones gepflegt, das Schweifen, das Reiten auf dem flachen, weiten Land war bei vielen noch Brauch, das Braten des mit dem Lasso eingefangenen Rindes war kein Akt künstlich gepäppelter Folklore, sondern schlicht Brauch. Vom Rinderbesitz lebten sie, nicht eigentlich von der Viehzucht, vom Verkauf des nun in den *frigoríficos*, – den riesigen Kühlhäusern amerikanisch-internationaler Firmen wie Swift und Armour – verarbeiteten Fleisches, vom Leder, von Schafen, ihrer Wolle und ihrem Fleisch, dies in Konkurrenz mit englischen Erzeugnissen. Nicht zuletzt lebte und lebt man in Uruguay vom Tourismus, vom langen bequemen Strand am Rio de la Plata. Von Montevideos Badestrand zogen sich weit nach Osten die *balnearios,* der Vorort Carrasco, das feinstille Atlántida, in dem die Buschs Ferien machten, das populäre und große Piriápolis, das mondäne Punta del Este und, näher an der brasilianischen Grenze, La Paloma. Von der Landschaft her war Piriápolis vielleicht der schönste Ort, nur eben überlaufen. Ich schlage nicht nach in der Chronik, erzähle nur: Ein kleiner italienischer Händler, Francesco Piria, kam nach Uruguay, entdeckte ein schönes Stückchen Land und Wasser, streute die Samentüte aus, schnell wuchs der Eukalyptuswald, kleine Höhen lockten zum Spazieren und Verweilen, eine Kleinbahn der Berliner Firma Orenstein & Koppel dampfte die kurze Strecke von Piriápolis nach Pan de Azúcar, dem Berg, der der Landschaft ihren besonderen Reiz verlieh, ein gleichnamiger Ort an seinem Fuß.

Das war alles nicht urhaft, nicht ursprünglich. Eifriges Pflanzen und Siedeln mittelte zwischen sacht gezüchteter, veränderter, bereicherter Natur und Urbanem; von Montevideo, bis heute der einzigen Großstadt des Staates, zog man zu diesen Badeorten, und über allem lag ein Eukalyptusduft.

*

Montevideo ist in meiner Erinnerung voller Klang. Ging man durch die Straßen, trat man in Behausungen zumal der »kleinen Leute«, scholl einem aus den einfachen Empfängern, gesendet von vielen kleinen Privatstationen, populäre Musik entgegen, zumeist Tango. Es spielten *orquestas típicas,* die einheimisch gewordene Gitarre hatte in ihnen ihren Platz, einheimisch in Buenos Aires war schon das beherrschende Bandoneon, das zu hackendem Rhythmus ruckartig gequetscht und auseinander gezerrt wurde, das Klavier fungierte als veredeltes Schlagzeug, die Geige klagte, ein Jauchzen vernahm man nicht. Der Tango, volkseigen geworden, ist in der Metropole Buenos Aires mit ihren armen und pittoresken *barrios* (Vierteln, Stadtteilen) schwermütig-sinnliche, für mein Gefühl niemals lustige Großstadtmusik. Sie ergeht sich gerne in Moll. *La cumparsita,* der wohl beliebteste Tango, stammte von einem Uruguayer, Matos Rodríguez. Ich habe den schlichten Mann am Flügel von Radio Ariel mit seiner Weise gesehen und gehört. Die argentinischen *orquestas típicas* waren klein, aber zahlreich, gastierten oft in Montevideo und produzierten 25-cm-Schallplatten in Fülle. Diese Platten rotierten auf den Spieltischen der Radiostudios. Der Sänger dieser argentinischen Großstadtwelt, Carlos Gardel, ist nach seinem frühen Tod bei einem Flugzeugunglück zur Kultfigur geworden.

Konkurrenzlos waren die *típicas* nicht. Es gab die *características,* nicht ganz Salonkapellen zu vergleichen. Der Jazz gewann an Macht, wie man denn überhaupt bei manchem eifersüchtigen Vorbehalt sich dem nordamerikanischen Einfluss nicht entziehen konnte. Hinzu kam Kubanisches, in Arrangements auf den internationalen Markt drängend: die ›Lecuona Cuban Boys‹, genannt nach Ernesto Lecuona, dem populärsten kubanischen Komponisten, geleitet von Armando Oréfiche. Und Xavier Cugát, Geiger, der einst Caruso am Klavier begleitet hatte. Seine Kapelle war schon international. Als er mit seinem Ensemble auf dem Montevideaner Flughafen gelandet war, trug er bei sich den kleinsten Hund, den ich je gesehen habe. Ein Kollege stellte fest, das Tier könne in einer Mokkatasse unterkommen. Unter den *típicas* gab es schon Astor Piazzolla, sein Ruhm als Komponist erblühte erst später. Damals blieb mir all diese Musik fremd. Wenn ich sie heute höre, weht sie rührend das Gestern mir zu, und Ferne hebt sich auf. (…)

Den Schwerpunkt des Montevideaner Musiklebens in jener

Zeit bildete das erst seit einigen Jahren bestehende staatliche Symphonieorchester mit seinen jeden Sonnabend der ausgedehnten Spielzeit stattfindenden Konzerten, die ihrerseits den Höhepunkt der Woche bildeten und den Treffpunkt der Musikliebhaber, durchaus ein gesellschaftliches Ereignis, doch jedermann zugänglich. Der Eintritt zum vierten Rang mit unnumerierten Plätzen kostete wenig, um 18.30 oder 18.45 Uhr begann damals das Konzert. Um 17 Uhr wurde die Pforte zur Treppe geöffnet. Wir stürmten hinauf, lasen die Kommentare im gratis verteilten Programmheft und steigerten im Gespräch unsere Spannung. Ein illustrer Gastdirigent vermochte Abendleistung und Gesamtniveau des Orchesters mitreißend zu heben. Dieses Orchester war das erste ständige des Landes. Es musste erst professionalisiert werden, für diese Aufgabe war ein italienischer Dirigent verpflichtet worden, der Montevideo nie wieder verlassen hat. Lamberto Baldi, winzig klein, fleißig, lebhaft und durchaus ehrgeizig, machte aus den überwiegend einheimischen Spielern eine zünftige Gemeinschaft, der man die Bewältigung des großen Repertoires zutrauen konnte. Es war möglich und sinnvoll, Dirigenten und Solisten von internationalem Rang einzuladen. So war die Situation 1939, im Jahr unserer Ankunft in Montevideo. (…)

Harry Graf Kessler

Licht und Schatten

Mexiko-Stadt

November 1896

Die ersten Tage habe ich es dem Zufall überlassen, mich zu führen. Aus Gelegenheitseindrücken bildet sich langsam ein Instinkt für das, was am neuen Lande dem eigenen Ich von Wert sein kann, für die Art der lebendigen Berührung, die zwischen beiden möglich ist.

Das Auge empfindet zuerst von der Stadt nur die Gewalt der Farben und des tropischen Lichts in der Höhenklarheit. Daneben verschwindet die Eintönigkeit des Stadtplans, den noch die vizeköniglich spanische Beamtenschaft im papierenen Stil geradwinkelig reguliert hat; und auch die nordamerikanische Häßlichkeit der Telegraphenstangen auf den Trottoirs und der Trambahnen, die hier nicht nur den Verkehr des Publikums vermitteln, sondern es unternommen haben, in besonderen, schwarz gestrichenen Wagen zu billigen Preisen Leichen zu befördern. Die Menschenmenge, die alles farbig umflutet, die helle, rosenrote oder zartblaue Tünche der Häuser, um die das Licht beständig vibriert, die fernen Gletscher mit ihren bald mächtiger, bald nur blaß leuchtenden Firnen, und darüber ein Himmel, dessen Ton und Tiefe fortwährend wechseln, schaffen eine Bewegung von Farben und Reflexen, die wie ein Spiel das Auge beschäftigt.

Diese Macht des Lichts könnte an den Gebäuden die Architektur fast ersetzen; sie gliedern sich selbst durch den Färbungsgegensatz ihrer oberen Teile zu den unteren. Unten grenzen die Schatten, weil wenig indirektes Licht sie trifft, an stechend Hellem tiefschwarz; oben, wie mit der wachsenden Höhe Reflexe und diffuse Helligkeit sich mehren, zerfließen sie zu durchsichtiger Farbigkeit. So bauen sich nach oben zu die Töne immer unbestimmter und zarter auf; fast Immaterielles ruht auf Massivem. Die Betonung des Baugerippes, die im blassen nordischen Tag des Architekten Hauptsorge ist, weil dort nichts anderes den Aufbau verdeutlichen kann, tritt hinter der Kunst zurück, die Lichtfülle in ihrem natürlichen Spiel zu unterstützen. Der Lichtton wird an Stelle von Linie und Masse zum Ausdrucksmittel des Architekten, die Architektur malerisch statt konstruktiv.

Die Möglichkeiten, die die einzig umfangreiche Skala von Brechungstönen des tropischen Höhenlichts bietet, haben die spanisch-mexicanischen Architekten mit dem Raffinement der Dekadenz ausgenutzt. An den Kirchen, die ihre Hauptaufgabe waren, genießt man dank ihrer Kunst das Licht, das auf den Gebirgen so machtvoll wandelt, in zarten und reizenden Harmonien, für die diese Lichtvirtuosen das Auge noch empfindlicher machen durch den Gegensatz, in den sie das luftige Farbengewebe ihrer Ornamentik zum kräftigen Hell und Dunkel von schmucklosen Flächen bringen. Die Gotik, die sich, wahrscheinlich aus Routine, weil konstruktive Probleme gleichgültig ließen, bis in dieses Jahrhundert als Norm des Bauorganismus im Entwurf des Höhen- und Grundrisses, der Gewölbe und der Stützen gehalten hat, bietet an den kahlgelassenen Seitenmauern und inneren Gewölben Flächen, auf denen Licht und Schatten in großen Massen ruhig abwechseln. Im Gegensatz zu diesen breiten Steinflächen tritt an einem willkürlich begrenzten Ausschnitt der Fassade und in den Innenkapellen die Ornamentik hervor; und diese bevorzugt die wirren Formen des späten Barock. Hier verschwindet der Bauorganismus unter Prunkverzierungen, nicht, wie bei Bach ein Thema in die Polyphonie einer Fuge aufgeht, sondern spurlos, wie die Melodie von einer Koloratur unterbrochen wird; und der phantastische Reichtum dieses Beiwerks legt vom Geiste der Kirche um den Ausgang der Gegenreformation Zeugnis ab. Leisten und Säulchen, Girlanden und Linienverschlingungen steigen, von unten nach oben immer zahlreicher, über den Portalen auf. Steinknaufe hängen reich ziseliert in Reihen wie Stalaktiten herunter. Dazwischen aber blicken Engelsköpfe lächelnd empor und öffnen sich Nischen, in denen verzückte Heilige himmelwärts schauen. Zweideutige Attribute, die ebensogut Symbole der weltlichen wie der himmlischen Liebe sein könnten, mischen sich in das nervöse Gewirr der Verzierungen; Tauben und Herzen, Amoretten und Rosen überziehen die Fassade im Netze der Arabesken, fein gemeißelt und im Lichte fast durchsichtig wie die Spitzenschleier, die zur selben Zeit in Mecheln und Venedig für Kurtisanenschleppen und Prälatengewänder geklöppelt wurden. Fliesenhöfe, die als Reflektoren wirken, verstärken die Kraft des auf die Fassade fallenden Lichtes. Die Bauglieder und die Zieraten sind mit elfenbeinfarbenem Stuck überzogen: der Akkord wechselt mit den Tageszeiten vom Nebeneinander von leuchtendem Weiß und sammetartigem Schwarz zum zartesten Verschwimmen von blaßgelben in bläuliche Töne. – Drinnen überschüttet dieselbe Üppigkeit an Schnörkeln und Emblemen, an Blumen und Flügelfiguren wie aus Füllhörnern die Kapellen und die Altäre: aber hier vergoldet. Mit der wachsenden Tageshelligkeit geht der kühle und gleichmäßige Schein des alten Goldes in metallisch blanke, gelbe und falbrote Reflexe über. – Und diese raffinierte Kleinpracht, die noch das Parfüm des Liebes- und Hoflebens der großen, verzärtelten Kirchenfürsten des achtzehnten Jahrhunderts bewahrt, wird von gotischen Bauformen kraftvoll und altväterisch getragen. Wie ein Rahmen umgeben ihre breiten Licht- und Schattenflächen das verzwickte Gewirr von Reflexen und Halbtönen. Nicht der Flamboyant- und nicht der Tudor-Stil, sondern diese subtile und fast pervers reizende Zwitterkunst ist die letzte Dekadenz des großen nordischen Stils gewesen. – Das Bild, das ein alter Künstler Vilalpando vom Innern der Bethlehemiterkirche gemalt hat, bezeugt, wie raffiniert die Zeitgenossen die blitzende Unruhe des Goldes inmitten der großen und ernsten gotischen Steinformen empfanden. Es war eine Kunst für farbensatte und müde Augen, verwandt mit der von Coello und Velasquez.

*

Wir sind heute morgen zum Blumenmarkt am Vigakanal hinausgefahren. Hier legen die Landleute an, die auf dem Wasserwege ihr Gemüse und ihre Blumen zur Stadt bringen; die schwimmenden Gärten, die Mexico mit Blumen versorgen, die Chinampas, liegen draußen im See, der zu Cortez' Zeiten die Stadt zur Insel machte, jetzt aber zum größten Teil trockengelegt ist. Man fährt auf der Viga in flachen, mit Sonnendächern versehenen Gondeln zu ihnen hinaus. Eine Weidenallee läuft am Kanal entlang; jenseits sind grüne Wiesen und die zerzackten Züge des Hochgebirges. Das Wasser steht bis an den Rand der Uferböschungen, von alten niedrigen Steinbrücken überspannt, an denen noch Reste von spanischen Wappen stehen; beim Durchfahren klappt man das Schutzdach nieder und streckt sich lang hin, um nicht anzustoßen. Bananendickichte, die die Hütten der Eingeborenen umgeben, beschatten bei den Dörfern, die am Wege liegen, den Wasserspiegel.

Die Chinampas waren ursprünglich bewegliche, mit Erde bedeckte Flöße: der ganze Garten fuhr morgens zu Markte; jetzt liegen sie auf dem Boden des Sees fest verankert. Schmale, labyrinthartig sich kreuzende Kanäle trennen die kleinen Schlammparzellen. Auf jedem Stückchen wird in winzigen Beeten nebeneinander verschiedenes buntes Kraut gebaut; und am Wasserrande wachsen wild Veilchen, Iris und roter Mohn.

Die Blumenliebe ist in Mexico fast so groß wie in Japan; selbst die Armen schmücken ihre Kammern mit Blumen und streuen Blüten ihren Schutzheiligen. Die Chinampas sind vielleicht zum Teil aus diesem Grunde das Ausflugsziel des niederen Volkes von Mexico geworden. Im Dörfchen Santa Anita legen die Gesellschaften an. Der Ort besteht zum größten Teile aus Pulque-Wirtschaften und offenen Rasthütten aus Bambus unter Palmen und Nopalsträuchern. Hier wird tagsüber Ball gespielt und Pulque, das fade, seimige Nationalgetränk, gezecht. Des Abends aber, in der Dunkelheit, fahren die Boote zu Dutzenden, mit Lampions behängt, den Kanal hinunter zur

Stadt zurück. Männer lachen in den Gondeln oder singen mit weicher, tiefer Stimme schwermütige Lieder, und Mädchen mit hellen Blumenkränzen im Haar lehnen sich über den Bootsrand hinaus und lassen die Hand in den lauen Wellen nachschleifen.

Rainer Maria Rilke

Denn, Herr, die großen Städte sind

Denn, Herr, die großen Städte sind
verlorene und aufgelöste;
wie Flucht vor Flammen ist die größte, –
und ist kein Trost, daß er sie tröste,
und ihre kleine Zeit verrinnt.

Da leben Menschen, leben schlecht und schwer,
in tiefen Zimmern, bange von Gebärde,
geängsteter denn eine Erstlingsherde;
und draußen wacht und atmet deine Erde,
sie aber sind und wissen es nicht mehr.

Da wachsen Kinder auf an Fensterstufen,
die immer in demselben Schatten sind,
und wissen nicht, daß draußen Blumen rufen
zu einem Tag voll Weite, Glück und Wind, –
und müssen Kind sein und sind traurig Kind.

Da blühen Jungfraun auf zum Unbekannten
und sehnen sich nach ihrer Kindheit Ruh;
das aber ist nicht da, wofür sie brannten,
und zitternd schließen sie sich wieder zu.
Und haben in verhüllten Hinterzimmern
die Tage der enttäuschten Mutterschaft,
der langen Nächte willenloses Wimmern
und kalte Jahre ohne Kampf und Kraft.
Und ganz im Dunkel stehn die Sterbebetten,
und langsam sehnen sie sich dazu hin;
und sterben lange, sterben wie in Ketten
und gehen aus wie eine Bettlerin.

MARK TWAIN

Die Stadt der Farben und der Schwarze Tod

Bombay

Bombay! – wie ein Märchen aus ›Tausend und eine Nacht‹, entzückend, verwirrend, bezaubernd! Es ist eine ungeheure Stadt, mit etwa einer Million Einwohnern, meist braune Leute; die wenigen Weißen, die man zerstreut unter der Masse der Bevölkerung findet, kommen gegen alle die dunkeln Gesichter kaum in Betracht. Hier ist es Winter: ein himmlisches Juniwetter und frisches, köstliches Sommerlaub. Im Schatten der großen prächtigen Baumreihe dem Hotel gegenüber sitzen malerische Gruppen von Eingeborenen beiderlei Geschlechts; der Gaukler im Turban mit den Schlangen und Zauberkünsten ist natürlich dabei. Den ganzen Tag sieht man die verschiedenartigsten Trachten zu Fuß und zu Wagen vorüberziehen; es ist, als könnte man nie müde werden, diese endlosen Wandelbilder, dies glänzende und stets wechselnde Schauspiel zu betrachten ... Die fest eingekeilte Masse der Eingeborenen im großen Bazar bot einen wunderbaren Anblick; es war ein Meer von buntfarbigen Turbans und faltigen Gewändern, zu dem die fremdartigen, prunkvollen indischen Bauwerke gerade den richtigen Hintergrund bildeten. Bei Sonnenuntergang folgte ein anderes Schauspiel: eine Fahrt am Seestrande bis zur Malabar-Spitze, wo Lord Sandhurst, der Gouverneur der Präsidentschaft Bombay, wohnt. Auf der ersten Hälfte des Weges, den alle Welt fährt, steht ein schöner Parsenpalast neben dem andern. Die Privatequipagen der reichen Engländer und vornehmen Eingeborenen haben außer dem Kutscher noch drei Bediente in wundervollen orientalischen Livreen. Zwei davon, prächtig anzuschauen, stehen als beturbante Statuen hintenauf. Manchmal nehmen die öffentlichen Fuhrwerke dergleichen überschüssige Diener mit: einen zum Fahren, einen um neben dem Kutscher zu sitzen und ihm zuzusehen, und einen, der hinten auf dem Tritt steht und schreit, wenn jemand im Wege ist; wenn niemand da ist, schreit er auch, um nicht aus der Übung zu kommen. Das alles bringt Leben und Bewegung mit und erhöht den Gesamteindruck von Hast, Schnelligkeit und Verwirrung.

In der Nähe der ›Läster-Spitze‹ – ein sehr bezeichnender Name – sind Felsen, auf denen man bequem sitzen kann, um nach der einen Seite hin den herrlichen Blick auf das Meer zu genießen und auf der andern die Menge der schön geschmückten Wagen bei der Hin- oder Rückfahrt vorbeirasseln und -jagen zu sehen; dort haben die Frauen wohlhabender Parsen in Gruppen Platz genommen, wahre Blumenbeete voll Farbenglanz, ein unwiderstehlich fesselndes Bild. Trab, trab, trab, kommt es die Straße entlang, einzeln, zu zweien, in Gruppen und Abteilungen – das sind Arbeiterscharen, Männer und Frauen, aber nicht gekleidet wie bei uns. Der Mann, meist eine große, stolze Athletengestalt, hat außer seinem Lendentuch nicht einen Fetzen an, seine Gesichtsfarbe ist dunkelbraun, auf der glatten Haut, die wie Atlas glänzt, treten die Muskeln in Wülsten hervor, als ob Gier darunter lägen. Die Frau ist gewöhnlich schlank und wohlgebildet, kerzengerade wie ein Blitzableiter und trägt nur ein Kleidungsstück – einen langen, hellfarbigen Stoffstreifen, den sie um Kopf und Leib windet, fast bis zu den Knieen herunter, und der sich so fest wie ihre eigene Haut an den Körper schmiegt. Füße und Beine sind nackt, desgleichen die Arme, bis auf die Gehänge von losen, verschlungenen Silberringen an den Armen und Fußgelenken. Auch in der Nase trägt sie Schmuck und glänzende Ringe an den Fußzehen. Beim Schlafengehen wird sie ihr Geschmeide wohl ablegen; mehr kann sie nicht ausziehen, sonst würde sie sich erkälten. Man sieht sie meist mit einem großen, schön geformten Wasserkrug von blankem Metall, den sie mit erhobenem Arm auf dem Kopfe festhält. Aufrecht, würdevoll und doch mit leichtem, anmutigem Gang kommt sie daher; ihr gebogener Arm und der blanke Krug erhöhen noch die malerische Wirkung und machen sie zu einer wahren Zierde für die Straße. Unsere Arbeiterfrauen können es ihr darin auch nicht entfernt gleichtun.

*

Selbst jetzt, nach Ablauf eines Jahres, ist mir die sinnverwirrende Freude jener Tage in Bombay noch vollkommen gegenwärtig, und ich hoffe, sie wird mich nie verlassen. Es war alles ganz neu und ungewohnt; auch warteten die Überraschungen nicht erst bis zum nächsten Morgen, sie waren da, sobald wir das Hotel betraten. In den Hallen und Vorsälen wimmelte es von braunen Eingeborenen mit Turban, Fez oder gestickter Mütze, die in baumwollenem Gewand barfuß durcheinander liefen oder ruhig auf dem Boden saßen und hockten. Einige schwatzten mit großem Nachdruck, andere saßen still und träumerisch da; im Speisezimmer stand hinter dem Stuhl jedes Gastes sein farbiger Aufwärter, angekleidet wie in einem Märchen. (...)

Unsere Zimmer waren nach vorn hinaus in einem oberen Stock. Ein Weißer – es war ein handfester Deutscher – führte uns hinauf und nahm drei Hindus mit, um alles in Ordnung zu bringen. Etwa vierzehn andere folgten in langem Zuge mit dem Handgepäck; jeder trug nicht mehr als ein Stück, was es auch sein mochte. Ein starker Eingeborener trug meinen Überzieher, ein anderer einen Sonnenschirm, der dritte eine Schachtel Zigarren, der vierte einen Roman, und der letzte kam nur noch mit einem Fächer beladen daher. Sie taten das alles mit großem Ernst und Eifer; von vorn bis hinten war in dem ganzen Zuge auf keinem Gesicht ein Lächeln zu sehen. Jeder einzelne wartete, ruhig, geduldig und ohne die geringste Eile zu verraten, bis er ein Kupferstück erhielt, dann verneigte er sich ehrfurchtsvoll, legte die Finger an die Stirn und ging seiner Wege. Diese Leute scheinen sanften und milden Gemüts zu sein; es lag etwas Rührendes in ihrem Verhalten, das zugleich für sie einnahm. (...)

Verschiedene Eingeborene – ich weiß nicht mehr wie viele –

begaben sich nun in mein Schlafzimmer, brachten alles in Ordnung und befestigten das Moskitonetz. Dann legte ich mich zu Bett, um meine Erkältung rascher los zu werden. Es war etwa neun Uhr abends und an Ruhe gar nicht zu denken. Drei Stunden lang dauerte das Geschrei und Gekreisch der Eingeborenen in der Vorhalle noch ununterbrochen fort, auch das sammetweiche Getrappel ihrer behenden, nackten Füße hörte nicht auf. Nein, dieser Lärm! Alle Bestellungen und Botschaften wurden drei Treppen hinunter geschrieen; es klang wie Aufruhr, Meuterei, Revolution. Auch noch andere Geräusche kamen hinzu: von Zeit zu Zeit ein furchtbarer Krach, als ob Dächer einfielen, Fenster zerbrächen, Leute ermordet würden. Dann hörte man die Krähen krächzen, hohnlachen, fluchen; Kanarienvögel kreischten, Affen schimpften, Papageien plapperten, zuletzt erscholl wieder ein teuflisches Gelächter, gefolgt von Dynamitexplosionen. Bis Mitternacht hatte ich alle nur erdenklichen Schreckschüsse über mich ergehen lassen und wußte nun, daß mich nichts mehr überraschen und stören konnte – ich war auf alles gefaßt. Da trat plötzlich Ruhe ein – eine tiefe, feierliche Stille, die bis fünf Uhr morgens dauerte.

*

Wenn ich jetzt an Bombay denke, glaube ich in ein Kaleidoskop zu sehen; ich höre das Klirren der Glasstückchen, wenn die schönen Bilder wechseln und auseinander fallen, um sich zu immer neuen Formen und Figuren zu vereinigen, bei deren Anblick jeder Nerv in mir vor Wonne erbebt und Schauer des Entzückens durch meine Glieder rieseln. Die ganz verschiedenartigen Erinnerungsbilder ziehen immer in gleicher Reihenfolge, rasch wie ein Traum, an mir vorüber; sie lassen mir das Gefühl zurück, als hätte das wirkliche Erlebnis kaum eine Stunde gedauert, während es oft gewiß mehrere Tage in Anspruch genommen hat. (...)

Damals hatte die Pest, welche jetzt in Bombay wütet, noch

nicht ihren Einzug in die Stadt gehalten. Heute [1897] stehen die Läden verödet da, die Hälfte der Bewohner hat die Flucht ergriffen und die Zurückgebliebenen kommen massenhaft an der Krankheit um. Ohne Zweifel sehen die Straßen jetzt bei Tage so aus wie damals zur Nachtzeit. Als wir immer weiter in dem Hindu-Viertel vordrangen und in enge, düstere Gassen gelangten, mußten wir sehr behutsam fahren, weil der Wagen beinah nicht Raum genug fand, um zwischen den Schläfern durchzukommen, die sich allenthalben gelagert hatten. Von Zeit zu Zeit huschte eine Schar Ratten in dem ungewissen Dämmerschein dicht vor den Hufen der Pferde vorüber – dieselben Ratten, welche jetzt in Bombay die Pest von Haus zu Haus schleppen. Die Kaufläden sind nur eine Art Verschläge – kleine Buden, die nach der Straße zu offen stehen. Man hatte die Waren fortgenommen, und ganze Familien schliefen auf den Ladentischen, meist beim Schein einer Öllampe. Es sah aus wie eine Totenwacht.

Endlich bogen wir um eine Ecke und hatten eine förmlich strahlende Beleuchtung vor uns. Das Haus der Braut war in ein Lichtmeer von Gasflammen getaucht, welche die mannigfaltigsten Figuren bildeten. Auch drinnen prangte alles in hellstem Glanze – Kostüme, Spiegel, Beleuchtung, Farben brachten im Verein mit der ganzen Ausschmückung der Räume eine so feenhafte Wirkung hervor, als hätte sie Aladdins Wunderlampe hergezaubert.

Die Braut war ein zierlich gebautes, schmuckes kleines Ding von zwölf Jahren, sehr kostbar gekleidet, aber mehr wie ein Knabe. Sie bewegte sich ungezwungen unter den Gästen oder blieb stehen, um sich mit diesem oder jenem zu unterhalten und ihren Hochzeitsschmuck befühlen und bewundern zu lassen.

Der Bräutigam war nicht zugegen; er beging eine besondere Verlobungsfeier in seinem väterlichen Hause. Wie man mir sagte, mußte sowohl er wie die Braut eine Woche lang alle Abend Gäste empfangen, welche fast die ganze Nacht hindurch im Hochzeitshause blieben. Dann heirateten sich die Brautleute, falls sie noch am Leben waren. (…)

Etwas nach Mitternacht erschienen ein paar berühmte und hochgeschätzte Ratsch-Tänzerinnen in den prachtvollen Sälen, um ihre Kunst zu zeigen. Zu ihrem Gesang und Tanz machten Männer auf sonderbaren Instrumenten eine unheimliche, lärmende Musik, bei deren Klängen mich eine Gänsehaut überlief. Ein Tanz der Mädchen sollte einen Schlangenzauber darstellen. Mir schien zwar die Flötenbegleitung, welche dazu ertönte, wenig geeignet, irgend etwas zu bezaubern, doch versicherte mir ein vornehmer Hindu, daß die Schlangen solche Musik sehr lieben; sie kommen aus ihren Höhlen heraus und lauschen ihr mit allen Zeichen von Wonne und Wohlbehagen.

Gegen zwei Uhr morgens verließen wir die Festlichkeit. Unterwegs sah ich noch ein Bild, das sich mir tief ins Gedächtnis eingeprägt hat. Eine glänzend erleuchtete Vorhalle, zu der mehrere Treppenstufen emporführten, überall schwarze Gesichter und gespenstische, weiße Gewänder; in ihrer Mitte eine wahre Riesengestalt, den Turban auf dem Haupte, mit einem Namen, der zu ihrer Größe paßte: Rao Bahadur Baskirao Balinkanje Pitale, Vakeel seiner Hoheit des Gaikawar von Baroda. Der Mann gehörte notwendigerweise zur Vervollständigung des Gemäldes, aber wenn er Smith hieße, hätte es den ganzen Eindruck verdorben. Auf beiden Seiten der engen Straße hatte man die Häuser in der bei den Hindus gebräuchlichen Weise illuminiert. Viele Dutzende von Gläsern mit brennenden Lichtern waren wenige Zoll von einander auf großen Lattengestellen befestigt, so daß sie leuchtende Sterne bildeten, deren Strahlenglanz sich grell von dem schwarzen Hintergrund abhob. Als wir weiter durch die düstern Gassen fuhren, verschmolzen in der Ferne alle Sternbilder zu einer einzigen Lichtmasse, die wie eine große Sonne in der Finsternis glühte.

Dann folgte wieder jene tiefe Stille; Ratten huschten über den Weg, überall lagen unbewegliche Gestalten auf der Erde und rechts und links sah man die offenen Buden gleich Särgen, in denen Leichen zu liegen schienen, welche von flackernden Totenlampen unheimlich beleuchtet wurden. Seitdem ist ein Jahr vergangen, und wenn ich die Kabeldepeschen aus Indien lese, meine ich das alles mit eigenen Augen im voraus gesehen zu haben, wie in einem prophetischen Traum. Die eine Depesche lautet: »In dem Stadtteil der Eingeborenen stocken die Geschäfte, die meisten Läden sind geschlossen. Man hört nur Klagelaute und den Schritt der Leichenträger, alles übrige Leben scheint erstorben.« In einer andern heißt es: »325 000 Bewohner haben die Stadt verlassen, und verbreiten die Pest über das ganze Land.« Drei Tage später kommt die Nachricht: »Die Einwohnerschaft ist auf die Hälfte herabgesunken.«

So fürchterliche Verwüstungen wie der ›Schwarze Tod‹ vermag keine Krankheit anzurichten, es gibt keine, welche ähnliches Grauen und Entsetzen im Gefolge hat. Wir können uns von dem Schrecken, der in solcher verpesteten Stadt herrscht, nur eine schwache Vorstellung machen. Zwar gibt die wilde Flucht einer halben Million Einwohner Zeugnis von ihrem Seelenzustand, aber wer schildert die Qual und Todesangst derer, die zurückbleiben müssen und sich rettungslos dem unaufhaltsam nahenden Verhängnis preisgegeben sehen?

Der Tempel und die Toten

Tokio

Man nimmt sein Eisenbahnbillet nicht für Tokio, sondern für Schinagawa oder Schinbaschi, zwei von vielen Dörfern, die mit der Hauptstadt zusammengewachsen sind. Bevor man Schinagawa erreicht hat, ist Yedo kaum zu sehen, denn es hat weder Rauch noch hohe Schornsteine; die Tempel und die öffentlichen Gebäude sind meist nicht hervorragend, erstere oft zwischen dicht stehenden Bäumen verborgen; die gewöhnlichen Häuser erreichen selten eine Höhe von 20 Fuß. Zur Rechten die blaue See mit befestigten Inseln, waldige Gärten mit massiven Einfriedungen, Hunderte von Fischerbooten, die an Bollwerken oder am Strande liegen; zur Linken eine breite Straße, auf welcher *Kurumas* hin und her eilen, niedrige, graue Häuserreihen, meistens Teehäuser und Läden. Als ich fragte: »Wo ist Yedo?« hielt der Zug in dem Bahnhof von Schinbaschi an und entlud 200 japanische Passagiere, die mir mit dem Geklapper ihrer 400 Holzschuhe einen ganz neuen Ohrenschmaus gaben. Obwohl diese Holzschuhe drei Zoll zu der Körperhöhe hinzufügen, erreichen doch nur wenige Männer 5 Fuß 7 Zoll und wenige Frauen 5 Fuß 2 Zoll; doch erscheinen sie in der Nationaltracht, die auch die Mängel der Gestalt verbirgt, breiter, als sie von Natur sind. Sie sind mager, gelb und häßlich und sehen dabei doch lustig aus; es fehlt ihnen an Gesichtsfarbe und an Ausdruck in den Zügen; die Frauen sind sehr klein und haben einen wackelnden Gang; die Kinder sehen steif aus, und die Erwachsenen erscheinen in einer komischen Würde. Es war mir, als hätte ich sie schon alle gesehen, denn sie sahen ganz so aus, wie sie auf Teebrettern, Fächern und Teekannen abgebildet werden. Das Haar der Frauen ist aus dem Gesicht gestrichen und zu einem Knoten verflochten; die

Männer scheren das Haar über der Stirn und legen von hinten her einen zierlichen Zopf über die kahle Stelle, oder sie lassen das ganze Kopfhaar etwa drei Zoll lang wachsen und tragen es in einem struppigen Wust.

*

Ein für allemal werde ich einen Buddhistentempel beschreiben, und zwar den volkstümlichen Tempel von Asakusa, welcher der tausendarmigen Kwan-non, der Göttin der Barmherzigkeit, geweiht ist und mit welchem ein beständiges Jahrmarktsfest in Verbindung steht.

In einer von drei Kulis gezogenen *Kuruma* fuhr ich durch die drei Meilen langen, volkreichen Straßen zwischen der Gesandtschaft und Asakusa. Letzteres ist ein ehemaliges Dorf, das jetzt mit der riesigen Stadt zusammengewachsen ist. Eine breite Straße geht nach der Adzuma-Brücke, die über den Sumada-Fluß führt und zu den wenigen steinernen Brücken in Tokio gehört, die das östliche Tokio, ein wenig interessantes Gebiet von Kanälen, Warenhäusern und Holzplätzen, mit den übrigen Stadtteilen verbindet. Diese Straße, von Fußgängern und Fuhrwerken überfüllt, ist der Halteort für eine Menge Stadtwagen, und man findet in der Mitte etwa zwanzig elende, bedeckte Wagen, die mit noch elenderen Ponys bespannt sind und auf Passagiere warten. Gerade hier ist das rechte Leben von Tokio wahrzunehmen, denn in der Nähe eines Wallfahrtsortes finden sich stets zahlreiche harmlose aber lasterhafte Vergnügungsorte, und so ist denn auch die Nachbarschaft dieses Tempels voller Restaurants, niederer Theater und Sammelorte für Geishas.

Eine breite gepflasterte Allee, nur für Fußgänger zugänglich, führt aus dieser Straße nach dem Haupteingang, einem zweistöckigen, doppelt bedeckten, rot angestrichenen Tor. Zu beiden Seiten sind Reihen von Buden aufgebaut, die ihren reichen und glänzenden Inhalt zur Schau stellen, vorzugsweise Spielbuden, Pfeifenbuden und Buden, wo Haarnadeln und andere Schmucksachen feilgeboten werden. Dem Tore näher stehen Buden zum Verkauf von Rosenkränzen, von Kästchen mit messingenen und hölzernen Götzenbildern, die im Busen und im Ärmel getragen werden, von Amulettbeutelchen, Abbildungen des fröhlich blickenden Daikoku, des Gottes der Gesundheit, des beliebtesten Hausgottes der Japaner, von Schreinen, Denkzetteln, geweihten Schellen, Leuchtern, Räucherpfannen und allen unendlich mannigfaltigen Artikeln, die mit dem öffentlichen und dem privaten Buddhadienste in Verbindung stehen. In Asakusa ist jeder Tag ein Festtag; der Tempel ist der volkstümlichsten der großen Gottheiten geweiht und ist die populärste religiöse Stätte. Kein Fremder, möge er Buddhist, Shintoist oder Christ sein, kommt in die Hauptstadt, ohne die belebten Tempelhöfe zu besuchen oder einen Einkauf an den verlockenden Buden zu machen. Um keine Ausnahme zu machen, wagte ich es mit kleinen Feuerwerksblumen, von denen jede, langsam verbrennend, wunderschöne Funken sprüht; ein Bündchen von 50 dieser kleinen Blumen kostet 2 *Sen* oder 1 Penny. Auch wurde ich durch kleine Schachteln zu 2 *Sen* in Versuchung geführt, worin kleine Streifen enthalten sind, die wie getrocknetes Mark aussehen, in Wasser gelegt sich aber zu allerhand Bäumchen und Blümchen gestalten. (…)

Durch das Tor schreitend gelangten wir in den eigentlichen Tempelhof und sahen den Tempel selber vor uns, ein mächtig hohes und breites Gebäude von dunkelroter Farbe mit einem großen Dach aus schweren, grauen Eisenziegeln, welches durch eine leichte Schwingung ein großartiges und zugleich gefälliges Ansehen erhält. Die Balken und Stützen sind stark und massiv, im übrigen aber ist das Gebäude, wie alle japanischen Tempel, buddhistische wie Shintotempel, gänzlich aus Holz gefertigt. Eine breite Treppenflucht führt nach dem Säulengange hinauf, bestehend aus vielen runden Pfeilern, die ein hohes Dach stützen, von wo zehn Fuß lange Papierlaternen herabhängen. Von hier zieht sich eine Galerie, unterhalb der Altane, rund um den Tempel. Eine äußere Abteilung des Tempels ist ohne Matten; in die innere, hinter dem Gitter befindliche, dürfen diejenigen eintreten, welche Geld bezahlen, um in größerer Ruhe beten zu können oder die Priester für sich beten zu lassen.

In dem äußeren Tempel herrscht eine beständige Bewegung und ein verwirrendes Getöse. Dichte Haufen laufen auf ihren klappernden Holzschuhen hin und her; Hunderte von Tauben, die in dem Säulengang nisten, fliegen über unserem Haupt, und ihr Girren und das Geschwirr ihrer Flügel mischt sich mit dem Klang der Glocken, dem Schall der Trommeln und Gongs, dem Gesumme der Priester, dem dumpfen Murmeln der Betenden, mit dem kichernden Gelächter der Mädchen, den barschen Stimmen der Männer und dem allgemeinen Getöse der Menge. Vieles erscheint auf den ersten Anblick überaus wunderlich. Auf dem Fußboden kauern Männer, welche Amulette, Rosenkränze, gedruckte Gebete, Weihrauchstäbe und andere Waren feilbieten. Gelübdebilder aller Art hängen an den Mauern und an den großen runden Pfeilern; viele von ihnen sind sehr grobe japanische Malereien. Das eine stellt ein Dampfschiff auf dem Sumidagawa dar, welches in die Luft fliegt, wobei 100 Menschen ums Leben kommen, der Stifter aber durch die Gnade der Göttin Kwannon gerettet wird. Viele Gedenktafeln rühren von Leuten, welche hier Gebete darbrachten und dafür Gesundheit oder Reichtum gewannen; andere von Dschunkenführern, deren Leben in Gefahr geschwebt hatte. Einige zwanzig Männerzöpfe und etliche staubige Haarflechten von Frauen sind für kranke Verwandte bei Gelegenheit von Gelübden oder Gebeten dargebracht worden. Über dieser bunt gemischten Sammlung befinden sich prächtige Holzschnitzereien und Engelsbilder, zwischen denen die Tauben einen ungestörten Wohnsitz finden.

Nahe dem Eingang erblickt man eine prächtige Räucherpfanne in dem massiven Stil der älteren Bronzearbeiten, von mythologischen Tieren umgeben, und ringsherum in Hochrelief die japanischen Zeichen des Tierkreises: die Ratte, das Rind, den Tiger, die Ziege, den Affen, den Hahn, den Hund und das Schwein. Weihrauchdämpfe steigen beständig von dem durchlöcherten

Rand des Beckens auf, und ein schwarzzahniges Weib, welches die Flamme unterhält, empfängt dafür von den Andächtigen, die nach dem Altar vorbeigehen, reichliche Spenden von kleiner Münze. Der Hochaltar und alles, was zum eigentlichen Tempel zu gehören schien, ist durch einen Schirm von grob geflochtenem Eisendraht geschützt. Dieses Allerheiligste ist voll von Schreinen und Götterbildern, riesenhaften Leuchtern, kolossalen Lotosblumen aus vergoldetem Silber, Opferspenden, Lampen, Litaneibüchern, Trommeln, Glocken und allen geheimnisvollen Sinnbildern einer Religion, welche für den Gebildeten und Eingeweihten ein sittliches und metaphysisches System, für die große Menge ein abergläubischer Götzendienst ist. In diesem inneren Raum waltete ein trübes Licht, die Lampen brannten düster, die Luft war mit Weihrauchdämpfen geschwängert, und mitten in den Rauchwolken bewegten sich barhäuptige Priester in Tempelgewändern geräuschlos auf den Matten um den Hochaltar, auf welchem Kwan-non in einem Schrein verwahrt wird, indem sie die Lichter anzündeten, die Glocken ertönen ließen oder Gebete murmelten. Der Schirmwand gegenüber steht der Schatz, ein hölzerner Kasten mit einer Spalte, in welche die Gläubigen ihre klingenden Kupfermünzen werfen.

Dort verrichten sie auch ihre Gebete, wenn man die Wiederholung eines unverstandenen Satzes in fremder Sprache so nennen darf, indem sie den Kopf beugen, die Hände erheben und aneinander reiben, einige Wörter murmeln, die Knöpfchen am Rosenkranz abzählen, dann in die Hände klatschen, sich abermals verbeugen und hinaus oder nach einem anderen Heiligtum gehen, um dieselbe Förmlichkeit zu wiederholen. Kaufleute in seidenen Kleidern, Soldaten in schäbigen französischen Uniformen, Landleute, Kulis in gemeiner Tracht, Mütter, junge Mädchen, Stutzer in europäischer Kleidung, sogar Polizeileute aus dem alten Regime – alle verneigen sich vor der Göttin der Barmherzigkeit. Die meisten Gebete wurden schnell gesprochen, wie bloße augenblickliche Eingebungen, im Ton eines harmlosen Gespräches und ohne Anspruch auf tiefere Andacht; einige der

Betenden schienen jedoch ihre Gelöbnisse in einem frommen Glauben darzubringen.

In einer Kapelle steht ein großes Götzenbild, welches völlig mit Papierkügelchen überdeckt ist; Hunderte solcher Kügelchen haften in dem Drahtgeflecht, welches das Bild umgibt. Der Gläubige schreibt seine Bitte auf ein Blättchen Papier oder läßt sie lieber von einem Priester aufschreiben, kaut den Zettel zu einem Klümpchen und spuckt denselben auf die Gottheit. Hat er wohl gezielt, so daß das Kügelchen durch den Draht geht und am Bild sitzen bleibt, so gilt dies für eine gute Vorbedeutung; bleibt es im Geflecht stecken, so ist das Gebet mutmaßlich nicht erhört worden. (...)

Zur Rechten, für jeden zugänglich, sitzt Binzuru, einer der ursprünglich sechzehn Schüler des Buddha. Sein Antlitz und Aussehen war einmal ruhig und holdselig, etwa so würdevoll wie das eines ältlichen Landedelmannes, jetzt aber ist er abgenützt und entstellt und hat nichts mehr von Augen, Nase und Mund wie die Sphinx; die glänzende rote Lackierung ist von seinen Händen und Füßen verschwunden, denn Binzuru ist ein großer Medizingott, und seit Jahrhunderten haben die Kranken sein Antlitz und seine Gliedmaßen gerieben und darauf die ihrigen. Eine junge Frau trat zu ihm heran, rieb erst seinen und dann ihren eigenen Nacken. Dann erschien ein bescheiden aussehendes Mädchen, das eine alte Frau mit entzündeten Augenlidern und gelähmten Armen führte; sie rieb zuerst die Augenlider des Götzen und strich darauf mit ihren Händen sanft über die geschlossenen Augenlider der alten Frau. Alsdann kam ein Kuli mit einem geschwollenen Knie, machte sich kräftig mit Binzurus Knie zu schaffen und drückte nachher das seinige weniger unsanft. Man muß erwägen, daß dies der große Tempel für die Volksmenge ist und »nicht viele Reiche, nicht viele Vornehme, nicht viele Mächtige« seine düsteren, schmutzigen, überfüllten Hallen betreten.

Ein hübscher Tempel mit steinernem Fußboden, südöstlich vom Hauptgebäude gelegen, wurde von uns allein besucht. In der Mitte ist ein achtseitiger Raum oder vielmehr eine rot lakkierte, prächtig geschmückte Kapelle. Sie ruht auf einem schwarzen, ausgeschnitzten Rahmen und ist von einer Galerie umgeben, auf die sich mehrere reichverzierte Türen öffnen. Auf einen starken Druck gegen die Galerie kommt die Kapelle in drehende Bewegung. In der Tat ist sie eine drehbare Bibliothek, welche die buddhistischen Schriften enthält, und wem es gelingt, sie einmal herumzudrehen, hat dasselbe Verdienst erworben, als wenn er jene Schriftwerke einmal andächtig durchgelesen hätte.

*

Bei den Buddhisten, namentlich bei der Monto-Sekte, war die Leichenverbrennung sehr üblich, bis sie vor fünf Jahren, wie man vermutet, aus Rücksicht auf europäische Vorurteile verboten wurde. Vor drei Jahren wurde jedoch das Verbot wieder aufgehoben, und seit dieser kurzen Zeit beläuft sich die Zahl der verbrannten Leichname jährlich auf beinahe 9000. Sir Parkes kam für mich um die Erlaubnis ein, den Kirigayagrund, einen der fünf Plätze, besuchen zu dürfen, und nach wenigen Tagen wurde dieselbe von dem Statthalter von Tokio erteilt.

Der Gouverneur Kasamoto ist ein gebildeter Herr, und sein Antlitz zeugt von der Energie und Fähigkeit, die er vielfach bewiesen hat. Er trägt die europäische Kleidung in schicklicher Weise und zeigt sich in Haltung und Manieren unbefangen und würdevoll. Nachdem er mich vielfach über meine nördliche Tour und die Ainos befragt hatte, wünschte er meine unverhohlene Meinung zu hören, da dies aber hier zu Lande nicht wörtlich zu nehmen ist, so wagte ich nur zu äußern, daß die Beschaffenheit der Landstraßen hinter anderen Verbesserungen zurückstände, worauf er sich in Erklärungen erging, welche ohne Zweifel als Beiträge zur Geschichte der japanischen Landstraßen gelten konnten. Dann sprach er über die Leichenverbrennung und über ihre Notwendigkeit für große Städte und beschloß die Unterredung damit, daß er mich ersuchte, meinen

Dolmetscher und meine *Kuruma* abzuschaffen, da ich in seinem eigenen Wagen und in Begleitung eines Dolmetschers von der Regierung nach Meguro fahren könnte. Er war so höflich hinzuzufügen, daß es ihm zu großem Vergnügen gereiche, diese Aufmerksamkeit einem Gast des englischen Ministers zu erweisen, dessen Charakter und wichtige Dienste für Japan er auf das höchste schätze.

Eine Fahrt von einer Stunde führte uns nach einer Vorstadt zwischen kleinen Hügeln und Tälern, wo rote Kamelien und gefiederter Bambus auf einem Hintergrund von Cryptomerien einen auffallenden Gegensatz zu der englischen, grauen, eintönigen Winterfärbung bildeten. Auf der Dorfstraße, die für den Wagen zu rauh war, stiegen wir aus und gingen durch Felder und Baumhecken eine Anhöhe hinauf, die für ihre feierliche Bestimmung sehr unbedeutend aussah. Man erwarte keine schauerlichen Einzelheiten! Ein längliches, umzäuntes und schmutziges Gebäude mit hohem Dache und Schornsteinen, ähnlich wie die der Hopfendarren in Kent, dazu die ländliche Umgebung – dies alles hatte eher das Aussehen eines Farmhauses als einer Stätte für die Verbrennung der Toten.

Nahe an der Straße steht ein kleiner Tempel voller Bilder, Zangen und kleiner Urnen aus rotem Ton, welche von den Verwandten der Verstorbenen gekauft werden. Auf der anderen Seite liegen vier Räume mit erdigen Fußböden und geschwärzten Lehmwänden, die mit einem hohen, zugespitzten Dach versehen sind. In der Mitte des größten Gemachs stehen mehrere Granitständer, paarweise und in gleichen Entfernungen voneinander; in dem kleinsten befindet sich ein einzelnes Paar. Dies ist buchstäblich alles, was ich gesehen habe. In dem großen Raum werden mehrere Körper zu gleicher Zeit verbrannt, und man bezahlt dafür nur einen *Yen*, etwa 3 Schillung 8 Pence; eine gesonderte Verbrennung kostet fünf *Yen*. Man verwendet dazu Reisigbündel, deren nur für einen Schilling erforderlich sind, um einen menschlichen Körper in Asche zu verwandeln. Nachdem die Totenfeier im Haus stattgefunden hat, wird der Leichnam nach der Verbrennungsstätte gebracht und unter die Obhut eines Mannes gegeben, der melancholisch und verräuchert aussieht und es wahrscheinlich auch ist. Die reicheren Leute bezahlen zuweilen Priester, die der Verbrennung beiwohnen, doch ist dies nicht allgemein üblich. In dem größeren Gemach standen fünf Kübel aus Tannenholz mit Bambusreifen, welche die Überreste von Kulis enthielten, und in den kleineren Räumen einige längliche hölzerne Kästen mit den Überresten von Verstorbenen aus der Mittelklasse. Um 8 Uhr abends wird jeder Sarg auf die steinernen Gestelle gesetzt, die Reisigbündel darunter angezündet und das Feuer während der Nacht unterhalten. Um 6 Uhr morgens ist das, was eine Menschengestalt hatte, zu einem Haufen Asche verwandelt, welche die Verwandten des Verstorbenen in eine Urne schütten und feierlich beerdigen. Zuweilen begleiten die Priester die Hinterbliebenen auf diesem trauervollen Gang. An dem Abend vor meinem Besuch waren dreizehn Leichname verbrannt worden; es ließ sich jedoch weder in dem Gebäude noch in der Umgebung der geringste Geruch wahrnehmen, und der Dolmetscher teilte mir mit, daß dank der hohen Schornsteine die Leute in der Nachbarschaft selbst während des Verbrennungs-Prozesses niemals die geringste Unannehmlichkeit verspürten. Die Einfachheit der ganzen Einrichtung ist höchst merkwürdig, und es ist nicht zu bezweifeln, daß sie den Zweck einer unschädlichen und vollständigen Zerstörung der Leiche ebensogut erfüllt wie ein zusammengesetzterer Apparat, wenn nicht gar noch besser; bei ihrer Billigkeit kommt diese Einrichtung derjenigen Klasse zugute, welcher die gewöhnlichen Begräbniskosten drückend erscheinen.

Heimweh nach den großen Städten

Manchmal, wenn ich der Ostsee den Rücken wende, der alten Frau, sehe ich in das schwedische Land Schonen hinein, die Ostsee plätschert, ich guck gar nicht hin. Denn wir sind verheiratet, seit ... zig Jahren – wir kennen uns, lieben uns, haben uns ganz leicht über, gehen mitunter ein bißchen auseinander, betrügen uns (ich sie mit der Nordsee, sie mich mit der Literatur auf Hiddensee –) – vor mir liegt Schonen. Ein hübsches Land; hier, wo ich sitze und meins in die Schreibmaschine klappere, ist es leicht gewellt, gar nicht so ›flach wie ein Eierkuchen ...‹ Manchmal wohnen da Menschen, aber es sind hierorts nicht viel; das Badepublikum setzt sich aus 6 (sechs) Häuptern zusammen. Meinst du, es wäre eine hübsche Frau dabei? Keine ist dabei. Aber so ist es immer.

Und ich gucke auf die Hügel, einer heißt ›Kleiner Stein‹, einer heißt ›Steinkopf‹, wie soll man denn heißen, wenn man Hügel ist ... Es gibt fett zu essen, alles ist prächtig und gut, sogar über den rationierten Alkohol wäre hinwegzukommen, wenn nur nicht einer den Schweden etwas von Kaffee erzählt hätte. Das ist schier undenkbar, was sie damit machen. Sie –

Geh mal raus, ich trau mich gar nicht, das laut zu sagen – sie –

Also: sie kochen den Kaffee, den lebendigen Kaffee kochen sie in Wasser! Als ich diese Prozedur zum ersten Male sah, erschrak ich bis ins innerste Gebein; sie kochten den Kaffee, wie man Aal kocht oder Wäsche, und ließen diese braune Sache eine Stunde lang auf dem Herd stehen. Dann kamen lebendige Menschen und tranken das, bitte, ich habe es selbst gesehen. Seitdem koche ich mir meinen Kaffee allein, aber die Bohnen müssen auf dem Meeresgrund gewachsen sein, es ist kein Kaffee ... nun, lassen wir das.

Wenn aber der harte Abend über den schwarzen Bäumen verdämmert, wenn das elektrische Licht rot glüht, wenn mein Nachtleben beginnt, das da heißt: Flaubert, Swift und was der Mensch so braucht, dann habe ich Sehnsucht, Sehnsucht nach den großen Städten. Da wühle ich ein bißchen in der Bücherkiste.

›*London*‹ liegt da; ›*London, Liebe zu einer Stadt*‹ von Wolf Zucker (erschienen bei Williams u. Co., Berlin-Grunewald). Ein hübsches Buch.

Ich kenne London nicht; in unermeßlicher Faulheit bin ich noch niemals hingemacht, also erfüllt das Buch seine Aufgabe, einem Unbefangenen den Eindruck einer Stadt zu geben. Dies ist nun Zuckern seine erste große Stadt; der Autor, den ich für ein beachtliches journalistisches Talent halte, hat sich natürlich prompt in sie verliebt, aber das ist schön, man sieht dann nämlich mehr. Nicht alles: aber er hat genau das geschildert, was er von seinem Standpunkt aus sehen konnte, und er hat nicht dazu gelogen. Das verdient angemerkt zu werden.

Wahrscheinlich ist London tausendmal komplizierter, und wenn einer dort dreißig Jahre lebt, wird er vermutlich anfangen, die Stadt zu begreifen. Zucker gibt ein Mosaik kleiner Züge, die sich zu einem höchst bezaubernden Bild zusammensetzen; er zeigt vor allem etwas, das der Fremde am Engländer am wenigsten vermutet: die Gelockertheit des englischen Charakters, sagen wir: des Londoners –, das Natürliche, das Einfache, das Reibungslose. Durch das lesenswerte Buch geht eine reizende Melancholie, der Herr hätten sich in London einmal verlieben sollen, und das nicht nur in die Stadt; der Verfasser ist so schön allein mit sich und ganz London, und es glücken ihm oft subtile Formulierungen. (So, wenn er einmal von dem prachtvollen Jack Hylton sagt: »Dieses Singen, in dem es keine Arien und keine lauten Effektstellen gibt, das dahingesungen wird, einfach und doch unendlich abschattiert, wie das Klingen eines Kristalleuchters, der sich leise bewegt, weil im Nebenzimmer Musik gemacht wird, dieses Singen ist die Freude Londons.«) Und wußten Sie, daß der Londoner Rundfunk in seinem Programm eine

Musik angesetzt hat, nur für die Leute, die in den fotografischen Ateliers warten müssen? Ich wußte das nicht.

Das Buch Zuckers ist wie ein Präludium zu ... ja, wozu? Das werden wir hoffentlich noch sehen. Ein hübsches Buch.

Ganz still ist es im Zimmer, still vor dem Haus, still in Schonen. Mein Trommelfell, auf dem so viel herumgetrommelt wird, ruht aus; die Luft schwingt nicht, kein Hund macht wuffwuff und baubau; keine Sängerin heult über den Tasten; mein Grammophon liegt bescheiden unter dem Bett und wedelt artig mit der Kurbel. Horch, die schöne Stille – –

Und dann liegt in der Bücherkiste eine Bilderbibel, die haben sie mir hierhergeschickt; die heißt *›Paris‹*, ist erschienen im Albertus-Verlag zu Berlin und enthält über 250 Fotos jener einzigen Stadt. Und weil ich auf dem Boulevard des Italiens vor mich hinstolperte, sanft: »Schweden! Schweden!« murmelnd, blättere ich nun hier in diesem Buch und will, auch ohne die Unterschriften zu lesen, erkennen, was Herr Mario von Bucovich, der Berliner Fotograf, da abgebildet hat. Er hats gut gemacht.

Das alte Paris ist leicht zu fangen – das neue Paris, das redende, lebendige Paris ist sehr schwer zu fassen. Anschaulich sind alle Bilder; ›malerisch‹ leider einige; pariserisch die meisten, und verfehlt wohl keines.

Nun hat freilich jeder von uns *sein* Paris, das ist wahr – und worin das allemal besteht, wird schwer zu ergründen sein. Das Album ist sozusagen neutral – jeder kann sich sein Paris heraussuchen. Es ist alles da – und wenn mich der Herr Fotograf fragt, warum ich denn so ein Gesicht mache und was mir denn fehle, so kann ichs ihm nicht sagen. Immerhin kann man diese Stadt nun aufblättern, und Anhaltspunkte zur Erinnerung wird man nicht vermissen. Freilich: ›das‹ – das kann man wohl nicht fotografieren.

Unter die Brücken hat er seinen Apparat gehalten, und Plätze hat er hergenommen und Spatzen und Versailles und immer wieder die Seine – und bei dieser Gelegenheit habe ich endlich gelernt, wie es im Schloß zu Fontainebleau aussieht, wo ich gewohnt habe. Aber wir alten Fontainebloher gehen nicht in das Schloß ... und das erinnert mich daran, daß ich einmal einem alten Pariser den Eiffelturm gezeigt habe, er war noch nie oben gewesen, und vor lauter Freude kaufte er auf der Plattform eine Flasche Sekt, die ich brühwarm ... die Erinnerung übermannt mich, lassen Sie mich einen Schluck Kaffee trinken. Und nun wird es noch schlimmer.

Ja, ich blättere das Album von vorn nach hinten durch, es ist ganz still in der Stube, eine Libellentänzerin schwirrt um die Lampe, und ich muß mich besorgt fragen, in welchem Tanzbund sie organisiert ist ... ich blättere. Die Brücken sehe ich und die Place des Vosges, die ich anders sehe; und die großen Plätze am Louvre und Passy, und hier ist dies gewesen und da jenes, und ich rieche die graue Luft der Stadt und den Dunst und den scharfen Rauch – und die nassen Flächen auf dem glitschigen Asphalt sehe ich, man kann auch im Asphalt wurzeln. Alles, alles kann man entbehren. Die Literatur: schwer; den Whisky: schon schwerer; Lisa, Musch, Mara, Margot: am schwersten. Aber eines kann unsereiner nicht entbehren:

die große Stadt, die abends die Lichter anzündet, die Stadt, wo man sich anonym in seine Bestandteile auflösen kann; wo so viele da sind, daß keiner mehr da ist, und wo zwar nichts wächst, aber wo es gekocht wird, alles miteinander. Schilt mir den Landmann nicht, er ... ich weiß. Aber du, schilt mir die Städte nicht, die Chronometer der Zeit, Wasserstandsanzeiger und Dampfdruckmesser in einem. Schön ist es in Schweden; schön ist es auf dem Lande. Die Luft ist rein, mein Herz ist klein ... Über ein kleines aber, und ich stehe auf dem Bahnhof, der Zug ruckt an, bald durchwühlen schwarze Zöllnerhände meine Koffer, und sie spielen: Europa, diese Herren aus der politischen Postkutschenzeit, und da sind die blauen Träger mit den Kappen, und ich bin zu Hause, zu Hause.

Anmerkungen und Quellenverzeichnis

Peter Altenberg (1859 Wien – 1919 Wien), eigentlich Richard Engländer, lebte als »missratener« Sohn eines Kaufmanns größtenteils von Spenden und Krediten, ab 1884 auch zum Teil von der Veröffentlichung seiner Aphorismen und Skizzen und seiner Mitarbeit im literarischen Kabarett »Nachtlicht«. Er führte ein unangepasstes Leben, predigte diverse Gesundheitslehren und wohnte in einem winzigen Hotelzimmer. Von Alkohol- und Schlafmittelmissbrauch schwer gezeichnet, verbrachte er einige Zeit in einer Nervenheilanstalt.

Peter Altenberg: Nachtcafé. In: P. A.: Extrakte des Lebens. Gesammelte Skizzen 1898–1919 (= Gesammelte Werke in fünf Bänden, Band II). Wien, Frankfurt 1987, S. 214 f.

Walter Benjamin (1892 Berlin – 1940 Portbou), Autor, Philosoph, Literaturkritiker und Übersetzer. 1932 begann er, für die »Frankfurter Zeitung« Miniaturen über seine Kindheit und Jugend zu schreiben (»Berliner Chronik«, später »Berliner Kindheit um neunzehnhundert«). 1933 ging er nach Paris ins Exil, wo er an seinem Fragment gebliebenen »Passagenwerk« arbeitete und Aufsätze schrieb wie »Das Kunstwerk im Zeitalter seiner Reproduzierbarkeit«.

Walter Benjamin: Markthalle. In: W. B.: Berliner Kindheit um neunzehnhundert. Mit einem Nachwort von Theodor W. Adorno. Frankfurt am Main 1987, S. 36

Isabella Bird (1831 Yorkshire – 1904 Edinburgh) war eine englische Reiseschriftstellerin; 1892 wurde sie als erste Frau in die Royal Geographical Society aufgenommen. 1878 reiste sie allein durch Japan, das erst seit kurzer Zeit in Handelsbeziehungen zum westlichen Ausland stand und sich in einem umfassenden gesellschaftlichen und politischen Umbruch befand. 1868 war der kaiserliche Hof von Kyoto nach Edo verlegt und Edo in Tokio (»östliche Hauptstadt«) umbenannt worden; dort lebten etwa eine Million Menschen.

Isabella Bird: Der Tempel und die Toten. Tokio.* In: I. B.: Unbetretene Pfade in Japan. 2 Bde. Jena 1882 (gekürzte Neuausgabe Wien 1990)

Gustave Flaubert (1821 Rouen – 1880 bei Rouen) reiste von Oktober 1849 bis Juni 1851 zusammen mit dem Journalisten Maxime de Camp durch Nordafrika, den Vorderen Orient und nach Konstantinopel. Seine Aufzeichnungen entsprechen in ihrer Direktheit und Illusionslosigkeit moderner Weltwahrnehmung. Poetisch gestaltet hat Flaubert die sinnlichen Extreme des Orients in seinem Roman »Salammbô« und im Drama »Die Versuchung des heiligen Antonius«.

Gustave Flaubert: Die große Hure. Kairo.* In: G. F.: Reise in den Orient. Hrsg. v. André Stoll. Aus dem Französischen von Reinhold Werner und André Stoll. Frankfurt am Main 1985, S. 46–52

Theodor Fontane (1819 Neuruppin – 1898 Berlin) hat sich länger als jeder andere vergleichbare deutsche Schriftsteller in England aufgehalten. Einem kurzen London-Besuch im Frühling 1844 folgte ein Sommeraufenthalt 1852 und schließlich ein mehr als dreijähriger Aufenthalt zwischen 1855 und 1859, bei dem auch seine Familie nachgezogen war. London war zu dieser Zeit die größte Industriestadt der Welt, in der 1846 mehr Steinkohle verbraucht wurde als in ganz Deutschland. London war die wichtigste Hafenstadt, Zentrum des Welthandels, die Metropole des britischen »Weltreichs«, die Weltstadt schlechthin. Von dort aus trat Fontane 1858 seine Reise nach Schottland an, der letzte Höhepunkt seiner »Wanderjahre«.

Theodor Fontane: »Ein meilenweiter Steinhaufe.« London.* In: T. F.: Sämtliche Werke, Bd. XVII: Aus England und Schottland. Unter Mitwirkung von Kurt Schreinert hrsg. v. Charlotte Jolles. München 1963, S. 5 ff. Und: Sämtliche Werke, Bd. XV: Von Zwanzig bis Dreißig. Autobiographisches. Nebst anderen selbstbiographischen Zeugnissen. Hrsg. v. Kurt Schreinert und Jutta Neuendorff-Fürstenau. München 1967, S. 42–56

J. Hellmut Freund (1919 Berlin – 2004 Frankfurt am Main) konnte noch 1939 mit seiner jüdischen Familie nach Uruguay fliehen. In Montevideo war er zunächst Privatlehrer, dann Zeitungs- und Rundfunkjournalist. 1960 kehrte er nach Deutschland zurück und wurde Lektor des S. Fischer Verlags in Frankfurt.

J. Hellmut Freund: Haus mit Zitronenbaum. Montevideo.* In:

J. H. F.: Vor dem Zitronenbaum. Autobiographische Abschweifungen eines Zurückgekehrten. Frankfurt am Main 2005, S. 252–265

Johann Wolfgang von Goethe (1749 Frankfurt am Main – 1832 Weimar) brach im September 1786 nach Italien auf, nach eigener Aussage um einer Lebenskrise zu entfliehen. Im November erreichte er Rom, wo er – abgesehen von einer viermonatigen Reise nach Neapel und Sizilien – bis Ende April 1788 blieb; Unterkunft fand er bei dem deutschen Maler Wilhelm Tischbein. In der Begegnung mit der Antike und den Malern der deutschen Künstlerkolonie in Rom bildeten sich bei Goethe wesentliche kunsttheoretische Auffassungen heraus, außerdem übte er sich im Zeichnen. Gleichzeitig ermöglichte ihm die inkognito unternommene Reise eine Befreiung von den Zwängen seines Weimarer Hoflebens; sie führte ihn näher zu sich und seiner eigentlichen Bestimmung, so dass er selbst von einer Wiedergeburt sprach.

Johann Wolfgang von Goethe: Die Hauptstadt der Welt. Rom.* Aus: J. W. v. G.: Italienische Reise. In: J. W. G.: Goethes Werke. Hamburger Ausgabe in 14 Bänden. Hrsg. v. Erich Trunz, Bd. XI, S. 125 ff.

Manfred Hausmann (1898 Kassel – 1986 Bremen), deutscher Schriftsteller und Journalist, schrieb zu seinem »Amerika«-Buch: »Dies Buch wurde im Jahre 1929 erlebt und im Jahre 1930 geschrieben. Das Amerika von heute ist nicht mehr das Amerika von damals … Trotzdem möchte ich jetzt keine Zeile ändern. Denn es ist ja nicht in erster Linie das Was gewesen, das diesem Buch Freunde gewonnen hat, sondern das Wie, nicht die Sache, sondern die, wenn ich sagen darf, jugendliche Unbekümmertheit, mit der die Sache ins Auge gefaßt wurde.«

Manfred Hausmann: Miß Maiben, Miß Merit, Miß Bee Bee. Chicago.* Aus: Chicago Cocktail. In: M. H.: Kleine Liebe zu Amerika. Ein junger Mann schlendert durch die Staaten. Frankfurt am Main 2000, S. 217–231

Franz Hessel (1880 Stettin – 1941 Sanary-sur-Mer) war Schriftsteller, Lektor und Übersetzer. 1938 emigrierte er nach Frankreich. In seinem Essay »Die Kunst spazierenzugehen« (1933) schrieb er: »Ich darf in diesen ernsten Zeiten das Spazierengehen getrost empfehlen. Es ist wirklich kein spezifisch bürgerlich-kapitalistischer Genuß. Es ist ein Schatz der Armen und fast ihr Vorrecht ... Eine Art Lektüre ist die Straße. Lies sie. Urteile nicht. Finde nicht zu schnell schön und häßlich ... Laß dich auch täuschen und verführen von Beleuchtung, Stunde und Rhythmus deiner Schritte.«

Franz Hessel: Spaziergänge durch Zukunft und Vergangenheit. Berlin.* (=Der Verdächtige; Ich lerne) In: F. H.: Werke 3, Oldenburg 1999

Georg Heym (1887 Hirschberg/Schlesien – 1912 Berlin) gilt als einer der wichtigsten expressionistischen Lyriker, Dramatiker und Erzähler. 1912 ertrinkt er beim Eislaufen auf der Havel.

Georg Heym: Der Gott der Stadt. In: G. H.: Das lyrische Werk. Sämtliche Gedichte 1910–1912. Mit einer Auswahl der frühen Gedichte 1899–1909. Auf Grund der Gesamtausgabe hrsg. v. Karl Ludwig Schneider. München 1977

Franz Kafka (1883 Prag – 1924 Kierling bei Wien) besuchte Paris zusammen mit Max Brod während einer Reise im August und September des Jahres 1911.

Franz Kafka: Die gestrichelte Stadt. Paris.* Aus: Reise August/September 1911. In: F. K.: Tagebücher in der Fassung der Handschrift. Hrsg. v. Hans-Gerd Koch, Michael Müller und Malcolm Pasley. Frankfurt am Main 1990, S. 976 ff.

Alfred Kerr (1867 Breslau – 1948 Hamburg), eigentlich Alfred Kempner, war Theaterkritiker und Essayist. Reisen führten ihn nach Italien, London, Spanien und Amerika; die beschriebene Reise nach Palästina unternahm er 1903. 1933 floh er vor den Nationalsozialisten über Prag, Wien und Zürich nach Frankreich, 1936 weiter nach London.

Alfred Kerr: Jeruschalajim, vergangene Heimat. Jerusalem.* Aus: A. K.: Jeruschalajim. In: A. K.: Erlebtes. Reisen in die Welt. Hrsg. v. Hermann Haarmann. [Berlin] 1989, S. 116–131 u. S. 138

Harry Graf Kessler (1868 Paris – 1937 Lyon) – aus wohlhabender Familie und umfassend gebildet – reiste vom 9. November 1896 bis zum 11. Januar 1897 durch Mexiko und legte dabei fast 6000 Kilometer zurück; die Erstausgabe seines anschließend entstandenen Buches »Notizen über Mexiko« erschien 1898. Tätigkeit als Kunstsammler, Diplomat, Essayist; umfangreiches und zeitgeschichtlich bedeutendes Tagebuchwerk.

Harry Graf Kessler: Licht und Schatten. Mexiko-Stadt.* In: H. G. K.: Notizen über Mexiko. Leipzig 1921

Egon Erwin Kisch (1885 Prag – 1948 Prag), geboren als Sohn eines deutschsprachigen jüdischen Tuchhändlers, wurde Journalist und arbeitete ab 1913 in Berlin, später in Wien. Sein vielleicht größter Erfolg war die Aufdeckung der Affäre um den österreichischen Offizier Oberst Redl, der als russischer Spion enttarnt wurde. Zu seinem journalistisch-literarischen Werk gehören große Reisereportagen über die Sowjetunion, China und die USA. 1939 emigrierte er nach Mexiko und kehrte 1946 nach Prag zurück.

Egon Erwin Kisch: Der Newskij-Prospekt. Sankt Petersburg. In: E. E. K.: Gesammelte Werke in Einzelausgaben. Bd. 4: Zaren, Popen, Bolschewiken. Asien gründlich verändert. China geheim.

Klabund (1890 Crossen/Oder – 1928 Davos), eigentlich Alfred Henschke, verfasste trotz seines frühen Todes zahlreiche Dramen, Romane, Erzählungen und Nachdichtungen. Im Alter von sechzehn Jahren erkrankte er an Tuberkulose, weshalb er seine letzten Lebensjahre zumeist in Sanatorien verbrachte. Verheiratet war er in zweiter Ehe mit der Schauspielerin Carola Neher.

Klabund: Fünf Mark. In: K.: Morgenrot! Klabund! Die Tage dämmern! Berlin 1913 (Nachdruck Nendeln/Liechtenstein 1973), S. 38

Klaus Mann (1906 München – 1949 Cannes), zweites Kind von Thomas und Katia Mann, war Romancier (»Mephisto«), Dramatiker, Essayist. 1933 floh er nach Paris, dann nach Amsterdam, wo er bis 1935 die antifaschistische Exilzeitschrift »Die Sammlung« herausgab. Ab 1938 kämpfte er in den USA mit seiner neuen Zeitschrift »Decision«, Essays und Vorträgen für ein »anderes Deutschland«; die Situation der Exilierten schildert sein Roman »Der Vulkan«.

Klaus Mann: Letzte Vergnügungen. Budapest.* In: K. M.: Der Wendepunkt. Ein Lebensbericht. Hrsg. u. mit einem Nachwort von Fredric Kroll. Reinbek 1984, S. 89 u. 211 ff.

Guy de Maupassant (1850 Miromesnil/Normandie – 1893 Passy) war einer der der wichtigsten französischen Autoren des 19. Jahrhunderts (»Bel-Ami«). Er führte ein unruhiges Leben und unternahm drei längere Reisen nach Nordafrika.

Guy de Maupassant: Wo sind wir hier? Tunis.* In: G. d. M.: Unterwegs nach Kairouan. Nordafrikanische Impressionen. Aus dem Reisetagebuch »La vie errante« ausgewählt und übertragen von Erik Maschat. München 1957, S. 17–37

Henry Miller (1891 New York – 1980 Los Angeles). Neben seinen bekannten Romanen mit ihren freizügigen sexuellen Schilderungen (»Wendekreis des Krebses«, »Wendekreis des Steinbocks«, »Stille Tage in Clichy«) schrieb er auch Reisebücher über die USA, Frankreich und Griechenland.

Henry Miller: Soiree in Hollywood. Los Angeles. In: H. M.: Der klimatisierte Alptraum. Aus dem Amerikanischen von Kurt Wagenseil. Reinbek 1977, S. 203–206 u. S. 214–218

Mary Montagu (1689 Südengland – 1762 London). Ihr Mann wurde 1716 zum englischen Gesandten in Konstantinopel ernannt, wo er zur Vermeidung eines erneut drohenden Krieges zwischen Österreich und dem osmanischen Reich im Sinne Englands vermitteln sollte. Mary Montagus berühmte Briefe aus ihren jeweiligen Aufenthaltsorten – das hier abgedruckte Schreiben ging an Gräfin Elizabeth Bristol – wurden 1763 erstmals in Buchform gedruckt und gehören zu den frühen Zeugnissen einer »weiblichen« Reiseliteratur.

Mary Montagu: Brief aus Konstantinopel. Istanbul.* In: Briefe der Lady Marie Worthley Montagu, geschrieben während ihrer Reisen in Europa, Asien und Afrika ... Aufs neue nebst derselben poetischen Schriften aus dem Englischen übersetzt von Professor Eckert. Mannheim 1784 (Neuausgabe Stuttgart 1962)

Ida Pfeiffer (1797 Wien – 1858 Wien) war eine der ersten weiblichen Weltreisenden. Der Aufenthalt in Rio de Janeiro steht am Beginn ihrer ersten Weltreise, die sie in den Jahren 1846 bis 1848 unternahm; die Stadt mit ihren zu dieser Zeit etwa 150 000 Einwohnern ist Hauptstadt des – von der früheren Kolonialmacht Portugal unabhängigen – Kaiserreichs Brasilien und wichtigste Hafenstadt des Landes. Bis 1858 unternahm Ida Pfeiffer mehrere weitere Reisen – darunter eine zweite Weltreise –, aus denen zahlreiche populäre Bücher hervorgingen.

Ida Pfeiffer: Die schlimmste Stadt der Welt. Rio de Janeiro.* In: I. P.: Eine Frauenfahrt um die Welt. Die Reise von Wien nach Brasilien, Chili, Otahaiti, China, Ost-Indien, Persien und Kleinasien. 3 Bde. Wien 1850 (gekürzter Nachdruck Wien 1992: Eine Frau fährt um die Welt)

Rainer Maria Rilke (1875 Prag – 1926 bei Montreux/Schweiz) verfasste neben seinem bedeutenden lyrischen Werk Erzählungen und den Roman »Die Aufzeichnungen des Malte Laurids Brigge«. Das hier abgedruckte Gedicht entstand in Viareggio am 14. April 1903.

Rainer Maria Rilke: Denn, Herr, die großen Städte sind. In: R. M. R.: Gedichte. Frankfurt am Main 2008, S. 87–88

Joachim Ringelnatz (1883 Wurzen – 1934 Berlin), eigentlich Hans Bötticher, fuhr als junger Mann mehrere Jahre zur See und versuchte sich anschließend in verschiedenen Berufen. Seine Bühne wurde das Münchner Künstlerlokal »Simplicissimus« und später das Berliner Kabarett »Schall und Rauch«; Auftrittsverbot 1933.

Joachim Ringelnatz: Die Träumer in der Untergrundbahn. In: J. R.: Sämtliche Gedichte. Zürich 1997, S. 503

Ernst Stadler (1883 Colmar – 1914 Zandvoorde/Belgien) schrieb unter dem Einfluss Stefan Georges 1905 seinen ersten Gedichtband, später wurde auch der Einfluss Walt Whitmans und des französischen Symbolismus wirksam. Seit 1908 habilitiert, lehrte er ab 1910 als Privatdozent in Brüssel. Er starb mit Beginn des Ersten Weltkriegs an der »Westfront« bei Ypern.

Ernst Stadler: Bahnhöfe. In: E. St.: Der Aufbruch und andere Gedichte. Hrsg. v. Heinz Rölleke. Stuttgart 1967, S. 29 f.

Adalbert Stifter (1805 Oberplan/Böhmen – 1868 Linz) war Schriftsteller, Maler, Pädagoge. 1826 ging er nach Wien und begann ein Studium der Rechtswissenschaften, das er 1830 abbrach. Danach schlug er sich als Vorleser und Hauslehrer durch. Von vielen zeitgenössischen Kritikern und Autoren (zum Beispiel Friedrich Hebbel) verkannt und abgelehnt, konnte sich das Werk Stifters erst mit Verzögerung durchsetzen.

Adalbert Stifter: Vom Turm des Stephansdoms. Wien.* In: A. St.: Aus dem alten Wien (= Wiener Bücherei Bd. 12). Wien 1940, S. 5 ff.

Kurt Tucholsky (1890 Berlin – 1935 Göteborg), Autor und einer der bedeutendsten Publizisten der Weimarer Republik, veröffentlichte unter verschiedenen Pseudonymen eine Fülle von Glossen, Feuilletons, Reiseberichten und politisch linksgerichteten Leitartikeln. Als Korrespondent der »Weltbühne« und der »Vossischen Zeitung« ging er 1924 nach Paris und lebte nur zwischenzeitlich in Deutschland; 1929 zog er nach Schweden.

Kurt Tucholsky: Sehnsucht nach den großen Städten. In K. T.: Gesammelte Werke in 10 Bänden. Hrsg. v. Mary Gerold-Tucholsky u. Fritz J. Raddatz. Reinbek bei Hamburg 1975, Bd. 6, S. 202–205

Mark Twain (1835 Florida/Missouri – 1910 Redding/Connecticut), eigentlich Samuel Langhorne Clemens, erlangte als Autor der Bücher über Tom Sawyer und Huckleberry Finn Weltruhm. Von 1852 an reiste er als wandernder Schriftsetzer durch den Osten und Mittleren Westen der USA und schrieb Reiseberichte für die Zeitung seines Bruders. Anschließend arbeitete er als Lotse auf dem Mississippi, bevor er erneut kreuz und quer durch die Vereinigten Staaten zog. In seinen Büchern »Die Arglosen im Ausland« und »Bummel durch Europa« verarbeitete er seine Erlebnisse von mehrmonatigen Europareisen. Im Jahr 1891 reiste er erneut nach Europa, wo er neun Jahre blieb und unter anderem in Berlin und Wien lebte. 1897 erschien seine »Reise um die Welt«.

Mark Twain: Die Stadt der Farben und der Schwarze Tod. Bombay.* In: M. T.: Meine Reise um die Welt. Zweite Abteilung: Indien, Südafrika. Autorisierte Übersetzung von Margarete Jacobi (= Mark Twains humoristische Schriften. Neue Folge, 4. Bd.). Stuttgart o. J., S. 21 ff. u. S. 78 ff.

Armin Theophil Wegner (1886 Elberfeld – 1978 Rom) studierte zunächst Jura und Volkswirtschaft, nahm aber auch Schauspielunterricht bei Max Reinhardt. Nach dem Ersten Weltkrieg begründete er den Bund der Kriegsdienstgegner. Wegen seines Protestes gegen die Judenverfolgung wurde er 1933 inhaftiert, seine Schriften verboten. 1935 gelang ihm die Übersiedlung nach Italien, wo er bis zu seinem Tod lebte.

Armin Theophil Wegner: Das Warenhaus. In: A. T. W.: Das Antlitz der Städte. Berlin 1917, S. 11

Virginia Woolf (1882 London – 1941 Sussex), befallen von der »periodisch wiederkehrenden Sehnsucht nach einem Ort, der heller und wärmer ist«, bereiste im Lauf ihres Lebens die Niederlande, Deutschland, Spanien, Griechenland, die Türkei und immer wieder Frankreich, auch Italien, wohin sie kommen wollte, »um zu sterben«. Ihre klassische Bildung – sie hatte Altgriechisch gelernt – verführte sie jedoch nie zu konventionellen Reiseaufzeichnungen, stattdessen hielt sie ihre Eindrücke in Briefen und Tagebüchern pointiert und eigenwillig introspektiv fest. Der beschriebene Aufenthalt in Athen fällt in die Zeit ihrer ersten Griechenlandreise, die sie mit ihrer Schwester, ihren beiden Brüdern und einer Freundin im September/Oktober 1906 unternahm.

Virginia Woolf: »Kein Ort erscheint kraftvoller und lebendiger.« Athen.* In: Reisen mit Virginia Woolf. Hrsg. v. Jan Morris. Übersetzung der vorliegenden Tagebuchpassage von Sibyll und Dirk Vanderbeke. Frankfurt am Main 1995, S. 262–269

Alfred Zimmermann (1859 Dresden – 1925 Warmensteinach) arbeitete in der deutschen Kolonialverwaltung und gilt als »Geschichtsschreiber des Kolonialwesens«.

Alfred Zimmermann: Aus der spanischen Königsstadt. Madrid. In: A. Z.: Aus Spanien und Portugal. Diesseits und jenseits des Weltmeers. Dresden 1917

Carl Zuckmayer (1896 Nackenheim – 1977 Visp/Wallis) hatte als Theaterautor seinen Durchbruch mit »Der fröhliche Weinberg« (1925). Nachdem die Nationalsozialisten schon 1933 ein Aufführungsverbot verhängten, floh er 1938 in die Schweiz und ein Jahr später in die USA, wo er als Farmer in Vermont lebte. Die im vorliegenden Text über seine Ankunft in New York erwähnte Dorothy ist die Schriftstellerin und Journalistin Dorothy Thompson. Ab 1947 lebte Zuckmayer abwechselnd in der Schweiz und den USA, 1958 wurde er in Saas-Fee ansässig.

Carl Zuckmayer: Heiße Tage. New York.* In: C. Z.: Als wär's ein Stück von mir. Horen der Freundschaft. Frankfurt am Main 1997, S. 551–554

Stefan Zweig (1881 Wien – 1942 Petropolis/Brasilien) ging 1917 nach Zürich und lebte von 1919 bis 1934 überwiegend in Salzburg, ab 1935 auch in London, wohin er 1938 emigrierte. Zunehmend ruheloser, verbrachte er 1940 einige Monate in New York, bevor er 1941 nach Brasilien übersiedelte, wo er zusammen mit seiner Frau aus dem Leben schied.

Stefan Zweig: Abendaquarelle. Algier (= Abendaquarelle aus Algier). In: St. Z.: Auf Reisen. Feuilletons und Berichte. Frankfurt am Main 1987, S. 58–64

Der Fischer Taschenbuch Verlag dankt allen Rechteinhabern für die Abdruckgenehmigung.

Da in einigen Fällen die Inhaber der Rechte trotz aller Bemühungen nicht festzustellen oder nicht erreichbar waren, verpflichtet sich der Verlag, geltend gemachte rechtmäßige Ansprüche nach den üblichen Honorarsätzen zu vergüten.

Mit * gekennzeichnete Titel stammen vom Herausgeber.

Jules Verne

Reise um die Erde in 80 Tagen

Aus dem Französischen von Manfred Kortmann

Band 90304

Der exzentrische Engländer Phileas Fogg bietet seinen Freunden eine abenteuerliche Wette an: Gelingt es ihm nicht, in 80 Tagen einmal um die Welt zu reisen, verliert er sein gesamtes Vermögen. Selbstverständlich gibt es reguläre Wasser- und Landverbindungen, die eine Reise um die Erde möglich machen. Aber in 80 Tagen? Topp, die Wette gilt! Phileas Fogg setzt all sein Hab und Gut aufs Spiel, um zu beweisen, wie klein die Welt geworden ist. Es beginnt eine kuriose, abenteuerliche und spannende Reise rund um den Globus, die vor dem Traualtar endet. Jules Vernes vergnüglichstes Buch.

Fischer Taschenbuch Verlag

fi 90304 / 1

Fernando Pessoa

Das Buch der Unruhe des Hilfsbuchhalters Bernardo Soares

Herausgegeben von Frank Henseleit-Lucke
und Georg Rudolf Lind
Aus dem Portugiesischen von Inés Koebel

Band 90309

Lissabon ist die weiße Stadt am Meer, in der sich Traum und Sehnsucht treffen. Keiner konnte ihre Melancholie und Einsamkeit besser ermessen als Fernando Pessoa. Hinter immer neuen Masken schlüpft er durch die engen Gassen, um mit jedem Blick eine neue Szene des kleinen Welttheaters zu erhaschen.

»Wir alle, die wir träumen und denken, sind
Hilfsbuchhalter, wir führen Buch und erleiden Verluste.«
Fernando Pessoa

»Ein Jahrhundertbuch!«
Andreas Isenschmid

Fischer Taschenbuch Verlag

fi 90309 / 1

Walter Benjamin

Einbahnstraße

Berliner Kindheit um 1900

Band 90319

Walter Benjamins Kurzprosa gehört längst zum Kanon der Klassischen Moderne. Ob Schießbude, Planetarium oder Karussell – noch die scheinbar belanglosesten Phänomene können Gegenstand von Benjamins berühmten Denkbildern werden, die auf ein tieferes Verständnis des 20. Jahrhunderts zielen. In jedem Fragment spürt man dabei die Bedrohungen und Katastrophen der Zeit – zugleich aber auch die tiefe Hoffnung, dass alles einmal anders und besser wird.

Fischer Taschenbuch Verlag

fi 90319 / 1

Carl Zuckmayer

Der Hauptmann von Köpenick

Band 90039

Wer kennt sie nicht: die Verfilmung des ›Hauptmann von Köpenick‹, mit Heinz Rühmann in der Titelrolle. Schon auf der Bühne war Zuckmayers Theaterstück mit seiner Mischung aus Komik und Sozialkritik ein großer Publikumserfolg. Der Film aber aus dem Jahr 1956 hat das Drama so populär gemacht wie kein anderes aus dem 20. Jahrhundert. Bis heute weckt es unsere Sympathie für all die Schelme und Ganoven, die den großen Staatsapparaten mit ihrer Respektlosigkeit und List immer wieder ein Schnippchen schlagen.

Fischer Taschenbuch Verlag

fi 90039 / 1

Gustave Flaubert
Madame Bovary
Sitten in der Provinz
Aus dem Französischen von Caroline Vollmann
Band 90230

Langeweile in der Provinz, selbstsüchtige Liebhaber und ein Ende mit Rattengift. Mit unglaublicher Raffinesse erzählt Gustave Flaubert das tragische Leben der Emma Bovary, die sich im Schutz einer klösterlichen Erziehung ihr Bild von der Welt aus romantischer Literatur zimmert. Doch sie heiratet einen mittelmäßigen Langweiler und zieht mit ihm aufs Land. Hungrig nach Leben stürzt sie sich in das, was sie für Liebe hält …

»Die neue Übersetzung von Caroline Vollmann ist die beste, die am meisten Flaubertsche der sechs auf dem Markt lieferbaren Übersetzungen.«
Andreas Isenschmid, Die Zeit

Fischer Taschenbuch Verlag

fi 90230 / 1

Virginia Woolf
Mrs Dalloway
Übersetzt von Walter Boehlich
Band 90038

Mit seinen kühnen Sprüngen in die Bewusstseinsströme der Subjekte zählt »Mrs Dalloway« längst zu den Klassikern der Moderne. Ob erotische Phantasien beim Einkauf in der Stadt, ob Todesängste oder die Erinnerung an alte Träume – was den Roman so einzigartig macht, ist Virginia Woolfs wacher Sinn für die Brüchigkeit unserer Existenz. Wie lebendig »Mrs Dalloway« bis heute ist, haben die Schauspielerinnen Nicole Kidman, Julianne Moore und Meryl Streep in dem wunderbaren Film »The Hours« gezeigt.

Fischer Taschenbuch Verlag

fi 90038 / 1

Ödön von Horváth
Geschichten aus dem Wiener Wald
Kasimir und Karoline
Band 90318

Ödön von Horváths berühmtestes Theaterstück, uraufgeführt 1931 in Berlin, ist die bewegende Geschichte einer Frau zu Beginn des 20. Jahrhunderts. Marianne soll nach dem Willen ihres Vaters mit Oskar verheiratet werden, einem wohlhabenden Wiener Fleischhauer. Aber Marianne weigert sich und wird stattdessen die Geliebte Alfreds. Als solche gerät sie schrittweise in immer größeres Elend und schließlich sogar ins Gefängnis. Als sie in aussichtsloser Situation wieder zu ihrem Vater zurückkehrt, besteht der Fleischhauer Oskar auf seinem Heiratsplan: »Mariann, du wirst meiner Liebe nicht entgehn.«

Fischer Taschenbuch Verlag

fi 90318 / 1

Stefan Zweig

Sternstunden der Menschheit

Vierzehn historische Miniaturen

Band 90196

Manchmal ist die Geschichte selbst spannender als jedes Drama und lebendiger als jeder Roman. Stefan Zweig versammelt in diesen historischen Miniaturen vierzehn große, schicksalhafte Augenblicke in der Geschichte der Menschheit: von der Schlacht bei Waterloo über die Entstehung von Goethes berühmter Marienbader Elegie bis hin zur tragischen Südpolexpedition von Sir Robert Falcon Scott. Dabei zeigt sich: Es sind oft gerade die kurzen, vom Zufall bestimmten Augenblicke, die prägend für die Zukunft sind.

Das gesamte Programm von Fischer Klassik
finden Sie unter:
www.fischer-klassik.de

Fischer Taschenbuch Verlag

fi 90196 / 1